여행필수
슬로바키아어 회화

한국외국어대학교
김규진 著

저자 **김 규진**

- 한국외국어대학교 체코어과 교수
- 한국외국어대학교 러시아과 졸업, 동대학원 러시아어과 재학중 미유학
- 미국 시카고대학원 슬라브어문학과 석사, 박사과정 수료
- 체코 카렐대학교 수학
- 체코 카렐대학교 교환 교수
- 한국동유럽발칸학회 회장(2001-2003)
- 저서: {체코어 문법} 명지출판사 1990,
  {체코어 강독과 회화} 공저 한국외대 출판사 1997,
  {상용 체코어회화} 명지출판사 1998
  {체코문화} 공저 한국외대 출판사1999
  {기초 체코어강독} 공저 한국외대 출판사2002,
  {기초 체코어회화} 공저 한국 외대 출판사2002,
  {현대체코문학론} 월인 2003,
  {러시아 문학 입문} 월인 출판사 2003
  {체코어 문법 연구} 도서출판 문예림 2004

E-mail:kyuchin@hotmail.com

여행필수 슬로바키아어 회화

초판 1쇄 인쇄 2005년 8월 5일 / 초판 1쇄 발행 2005년 8월 10일
편저 정연창 / 발행인 서덕일 / 발행처 도서출판 문예림
출판등록 1962년 7월 12일 제 2-110호
주소 : 서울 광진구 군자동 195-21호 문예B/D 201호
전화 : 02-499-1281~2 / 팩스 : 02-499-1283
http://www.bookmoon.co.kr / E-mail:my1281@lycos.co.kr

· 잘못된 책은 구입하신 서점에서 교환하여 드립니다.

ISBN 89-7482-299-7(13790)

머리말

이 '여행 필수 슬로바키아어 회화'는 슬로바키아를 여행하거나 슬로바키아에 일정기간 체류하는 도중 의사 소통에 가장 필요하다고 생각되는 표현들을 담은 회화 책이다. 슬로바키아어 발음은 체코어발음처럼 약간의 예외규정을 제외하고 철자화 된대로 읽으면 되는 아주 체계적인 음운 구조를 가지고 있어 기본 발음 원칙만 알면 쉽게 발음 할 수 있다. 그래서 슬라브 언학자들이 동슬라브어인 러시아어, 우크라이나, 벨라루스어와 서슬라브어인 폴란드어, 체코어, 슬로바키아어 그리고 남슬라브어인 세르비아어, 크로아티아어, 슬로베니아, 마케도니아어 등의 음운체계를 표시할 때 체코어와 슬로바키아어 발음체계를 원용한다. 기초편에 나오는 발음만 조금 연습하면 응용편에 나오는 모듬 문장을 읽는데 큰 지장이 없다.

내용은 A. 슬로바키아어의 알파벳과 발음, B. 기본적인 슬로바키아어 회화와 C. 주제별 슬로바키아어 회화 편으로 나누었다. 기본적인 슬로바키아어 회화편에서는 여행등에서 필요한 아주 기본적인 회화와 단어들을 다루고 있다. 주제별 슬로바키아어 회화편은 될수 있는 한 여러가지 장면을 싱징하여 사용사가 편리하게 하였고 또 필요한 어휘를 쉽게 찾을 수 있게 책 뒤에 다양하게 실어 상황에 따라 필요한 사전역할을 할 수 있게 했다.

이 회화책에서 다루고 있는 슬로바키아어는 슬로바키아학교에서 배우는 이른바 '표준슬로바키아어(Spisovná slovenčina)'라고 하는 회화체이다. 이 표쥰슬로바키아어 히하체는 **물론** 슬로바키아인들이 일상적으로 말하고 있는 '공용슬로바키아어' 또는 '일상슬로바키아어' (Obecná čeština)와는 약간의 차이가 있다. 언어는 세월과 시대와 세대에 따라 끊임없이 변하기 때문에 책에서 그 변화 양상을 다 다룰수는 없다. 또 슬로바키아어는 슬로바키아민족이 1000여년동안 헝가리 지배하에 있었고 20세기 초에 체코민족과 더불어 체코슬로바키아로 독립국가를 이룬 관계로 문어체와 회화체, 화화체에서도 앞에서 말한 표준슬로바키아어와 공용슬로바키아어와의 차이점이 존재한다. 그래서 슬로바키아 학교에서 가르치는 표준어를 중심으로 이 회화책을 편집했다.

슬로바키아어 문법에서 일반적으로 알고 있으면 편리한 사항으로는 슬로바키아어의 경우 남성, 여성, 중성의 구별이 아주 특이하다. 또 동사의 과거시제 표현에서 주어가 남성 단수인 경우는 -l 남성복수인 경우는 -li, 여성단수인 경우 la, 여성복수인경우 -li의 형태를 취하게 된다. 또 한 형용사 어미로도 남성단수인 경우 ný, 여성단수인 경우 ná이다. 여기서 자세한 문법설명은 필요치 않아 생략하기로 한다.

슬로바키아어 발음의 우리말 표기는 졸저 문예림의 [여행필수 체코어 회화]를 참고로 하였다. 슬로바키아어에 대한 깊은 지식없이 슬로바키아사람들과 낱말 또는 간단한 문장을 통해 의사소통을 원활히 하기 위하여 약간의 변화를 꾀해 봤다. 예컨데 우리말 발음에 없는 F와 V 등의 발음표기에서 Fe는 때로는 [훼]로, 특수한 경우는 [페]로도 했다. V의 경우 모음 e와 함께인 Ve-인 경우 우리말 발음기호 [붸]보다는 차라리 [웨]로, 또 Vám의 경우 [봠]보다 [왐]으로 읽을 경우 슬로바키아사람들이 더 잘 알아듣기 때문에 후자를 택했다. 또 상황에 따라서 원칙으로부터 약간 벗어난 경우는 외래어 발음의 완벽한 한국어 표기가 불가능하기뿐만 아니라 상대방이 더 잘 알아듣도록 하기 위함이다.

끝으로 이 책의 원고를 입력해준 윤지선 양, 이노아 양, 박정희 양 등에게 고마움을 표하고 싶고, 최종 교정을 보아주신 한국외대에서 슬로바키아어를 가르치시는 올가 송고바(Olga Songová) 박사와 서울에서 한국말을 배우는 슬로바키아 유학생 한나 끄메쪼바(Hanna Kmecová) 양에게 감사드린다. 특히 이 책의 출판을 제의하시고, 기꺼이 출판해주신 외국어 전문 출판사 문예림의 서덕일 사장님과 편집부 여러분께 감사를 드린다.

2005년 2월 한국외국어대학교 왕산 캠퍼스에서 저자

차례

A. 슬로바키아어의 알파벳과 발음
알파벳 ·· 10

모음 ··· 12

자음 ··· 13

악센트 ··· 19

억양 ··· 19

B. 기본적인 슬로바키아어 회화
1. 일반 표현 ·· 22
2. 여러 가지 대답 표현 ························· 59
3. 시간에 관한 표현 ····························· 76
4. 수·무게·온도 등에 관한 표현 ········ 101

C. 주제별 슬로바키아어 회화
1. 출입국·세관 ·································· 124
2. 여행 ··· 127

5

차례

3. 비행기 ················· 129
4. 철도 ················· 134
5. 자동차 ················· 140
6. 배 ················· 146
7. 시외버스 ················· 147
8. 호텔 ················· 149
9. 시내 교통·관광 ················· 159
10. 물건 사기 ················· 175
11. 식사 ················· 183
12. 통신 ················· 203
13. 인간 관계 ················· 212
14. 민족, 정치, 종교 ················· 225
15. 직업 ················· 231
16. 가족 ················· 233
17. 연령 ················· 235
18. 결혼 ················· 237

19. 성격·대인 관계 ·············· 239

20. 건강과 진료 ·············· 241

21. 주거 ·············· 250

22. 복장 ·············· 252

23. 문화·예술 ·············· 260

24. 교육·학교 ·············· 267

25. 스포츠·레저 ·············· 272

26. 자연 ·············· 277

A. 슬로바키아어의 알파벳과 발음

1. 슬로바키아어의 알파벳
2. 모음
3. 자음
4. 악센트
5. 억양

1. 슬로바키아어의 알파벳

대문자	소문자	발음	소리
A	a	á	아
B	b	Bé	베
C	c	Cé	쩨
Č	č	Tš	췌(체)
D	d	Dé	데
Ď	ď	Ď	데(졔)
E	e	É	에
F	f	Ef	에프
G	g	Gé	게
H	h	Há	하
Ch	ch	Chá	하(ㅋ하)
I	i	Í	이
J	j	jé	예
K	k	Ká	까
L	l	El	엘
M	m	Em	엠
N	n	En	엔

대문자	소문자	발음	소리
Ň	ň	eň	엔느
O	o	ó	오
P	p	pé	뻬
Q	q	kvé	끄베(끄웨)
R	r	er	에르
S	s	es	에스
Š	š	eš	에슈(쉬)
T	t	té	떼
Ť	ť	Tě(Ťe)	떼(쩨)
U	u	ú	우
V	v	vé	베(웨)
W	w	dvojité vé	드보이떼 베 (웨)
X	x	iks	익스
Y	y	ypsilon	입실론
Z	z	zet	젯(제트)
Ž	ž	žet	줴(줴트)

2. 모음

단모음		장모음	
a	아	á	아-
e	에	é	에-
i;y	이	í;ý	이-
o	오	ó	오-
u	우	ú	우-

　모음은 a, e, i, o, u의 5개로 각각 단모음과 장모음 á, é, í, ó, ú(ů)가 있다. [이] 모음은 i, í 외에 y, ý에도 나타나지만, 같은 음을 가리킨다. u와 ů도 같은 음을 가리키고, ú는 어두(접두사가 있는 경우는 그것을 제외하고, ů는 어중이나 어미에 발음은 5개의 모듬 중 a(á), e(é), i(í, y, ý), o(ó)는 국어의 「아 이 우 에 오」와 거의 비슷하게 발음된다. 는 입술을 둥글게 내미는 듯이 하고 확실하게 발음한다. 2중 모음은 au, eu, ou의 3개이다.

3. 자음

문자	발음	해 설
B	[b ㅂ]	「부」의 자음 ex) Lebo[네보]:또는
C	[ts ㅉ]	「쯔」의 자음 ex) Čo[쬬]:무엇
Č	[ts ㅊ]	영어 cheese의 ch음 ex) Čas[차스]:때
D	[d ㄷ]	「도」의 자음 ex) Deň[덴]:일
Ď	[d ㅈ]	① 「디」의 자음 ② 혀 앞부분을 잇몸 뒤쪽 입천장(경구개)에 붙여서 발음 ex) Nedeľa [네델라]:일요일
Dz	[d ㅈ]	「지」의 자음 ex) Dzurinda[주린다]:슬로바키아 이름
Dž	[j ㅈ]	「주스」의 자음 ex) džús[주스]:주스, džem[젬]:잼
F	[f ㅎ]	영어의 f음에 해당 ex) Film[휠름]:필름, 영화
G	[g ㄱ]	「구」의 자음 ex) Granát[그라나뜨(그라낫)]:석류석
H	[h ㅎ]	유성의 h ex) Hrad[흐라뜨]:성

ch	[x ㅎ]	혀 뒷부분을 입 안쪽 부드러운 입천장 (연구개)에 접근시켜 발음 ex) Chleba[흘레바]:빵 독일어 Ich(이흐)때 ch음가와 비슷
J	[j ㅇ]	「유」의 자음 ex) Jeden[예덴]:하나 Jedlo[예들로]:음식
K	[k ㅋ]	「꾸」의 자음 ex) Kino[끼노]:영화관
L	[l ㄹ]	① 영어 l와 거의같다 ② 혀 끝을 윗니 뒤에 대고 내는 소리 ex) Ale[알레]:그러나
M	[m ㅁ]	「무」의 자음으로 입을 닫고 코로 숨을 내쉰다 ex) Malý[말리]:작다
N	[n ㄴ]	「누」의 자음으로 혀 앞을 윗니에 붙여서 코로 숨을 내쉰다 ex) Nos[노쓰]:코
Ň	[n ㄴ]	① 「냐」의 자음에 가깝다. ② 혀 앞부분을 잇몸 뒤쪽 입천장(경구개)에 대고 내는 소리 ex) Niečo[녜쬬]:무엇인가 Ňuchať[뉴하쯔]:냄새 맡다
P	[p 뻐]	「뿌」의 자음 ex) Potom[뽀똠]:후에
R	[r ㄹ]	혀를 감아 발음 ex) Ruka[루까]:손
S	[s ㅅ]	「스」의 자음과 거의 같다. ex) Sen[쎈]:꿈
Š	[s ㅅ]	영어 ship의 sh음에 가깝다. ex) Škola[슈꼴라]:학교
T	[t 뜨]	「뜨」의 자음 ex) Leto[레또]:여름

Ť	[t ㅉ]	① 「쯔」의 자음에 가깝다. ② 혀 앞부분을 잇몸 뒤쪽 입천장(경구개)에 대고 내는 소리 ex) Telo[쩰로]:몸, Ťava:낙타
V	[v ㅂ]	영어 v의 음에 해당 ex) Voda[보다(워다)]:물
Z	[z ㅈ]	① 영어 z의 음에 해당(유성음으로 마찰음) ex) Zima[지마]:겨울
Ž	[ž 쥐]	영어 pleasure의 s음에 가깝고 š의 유성음으로 마찰음 ex) Život[쥐보트]:인생, 생활

유성자음 : b v d ď dz z ž g h (m n ň j l r)
무성자음 : p f t ť s š k ch   /c/ /č/

q, w, x는 외래어에만 나타나고, 발음은 다음과 같다.
q[k][kv]끄베(끄웨) w[v(w)]드보이떼베(웨) x[ks][gz]익스
*주로 외래어에 나타나는 음으로, dž[d,ʒ]는 č의 유성음으로 하나의 음으로서 발음된다「ス」의 음과 거의 같다.
 džús [쥬스]:주스,   džem [잼]   Kjudžin[규진]:규진
*[ ]안의 발음 기호는 IPA 표기를 따르기로 한다.

주의

① i와 y는 같은[이] 음[음]을 표시하지만, d, t, n의 자음에 한해 다음에는 y가 올 경우에는 가볍게 발음하고, i가 오는 경우에는 ď, ť, ň과 같이 연구개음으로 발음한다. 또, d, t, n은 ě가 오는 경우에도 연음으로 발음한다. 표로 나타내면 다음과 같이 된다.

da	ta	na	ďa	ťa	ňa
de	te	ne	de	te	ne
dy[디]	ty[띠]	ny[니]	(di[지]	ti[찌]	ni[니])
do	to	no	(ďo[죠]	ťo[쪼]	ňo[뇨])
du	tu	nu	(ďu[쥬]	ťu[쮸]	ňu[뉴])

단, 외래어에서는 di, ti라고 되어 있어도 dy, ty와 같이 발음하는 경우가 있다.

> Antikvariát [안띠끄와리아뜨]:헌책방
> rádio [라디오]:라디오

i, y가 d, t, n 이외의 자음에 붙는 경우에는 음가가 전혀 변화지 않는다.

> My [미], mi [미] 우리들(은),
> 나에게 : nový, noví [노비] 새로운

② ě가 b, p, v, f 뒤에 붙어서 함께 발음하면이 각 [베], [뻬] [베웨], [페, 훼]로 발음된다. m이 뒤에 오는 경우는 mne[므녜]와 같이 발음 된다.

be → bj[볘]	obed[오볘트]:점심
pe → pje[뼤]	päť[뼤쯔]:5
ve → vje[붸]	dve[드붸]:2
fe → fje[폐(훼)]	na Harfě[나하르붸]:거리의 이름
me → mňe[므녜]	mesto[므녜스또]:거리
mesiac[메시아쯔]:달	

③ 유성자음의 무성음화

유성자음 중 무성음의 짝이 있는 b, v, d, ď, z, ž, g, h는 어미또는 무성자음의 앞에서 무성음화 한다. 유성의 h는 조음점이 다르지만 ch와 짝을 이룬다.

표기 발음	어미	무성자음 앞
b → p	zub[주프]이	obchod[오쁘호트]가게
v → f	vták[프딱]새	
d → t	hrad[흐라트]성	popoludní[오뜨뽈레드네] prechádzka[프로하스까] 산보 z Prahy[스쁘라히] 프라하로부터
ž → š	už[우슈] 이제	
h → ch	roh[로흐]각	ľahký[라흐끼] 간단한, 가벼운
g → k	filológ[휠로로끄] 문헌 학자	

무성자음 앞에 유성 자음이 2개가 연속할 경우, 2개 모두 무성음화 한다.

Vz → fs   vstať [프스다쯔] 일어나다

vzťah [프스짜흐] 관계

유성음:
štyri[슈띠리]:4, rieka[르예까]:강, dobre[도브레]:잘

무성음:
1) 어미:dym[딤]:연기, lekár[레까르]:의사
2) 무성자음의 뒤:tri[뜨리]:3, pred[쁘렛]:~의 앞에

④ 무성자음의 유성화
  짝을 가지는 무성자음은 짝을 갖는 유성자음(단 v는 제외한다) 앞에서 유성화한다. 주로 다음과 같은 예가 있다.

kd → gd   kto[끄또] 누구, kde[그데] 어디, kedy[캐타] 언제

sb → zb   prosba[쁘로즈바]부탁, zbor[즈보르]코러스

tb → db   svadba[스와드바] 결혼식, futbal[후드발]축구

4. 악센트

악센트 위치는 극히 일부를 제외하고, 어구의 제 1음절에 있다. 슬로바키아어의 악센트는 음의 강약에 의한 것이지만 단지 음의 강약이라고 말해도 그다지 강한 것이 아니고, 강한 곳과 약한 곳의 차이가 거의 없다.

5. 억양

① 평서문에서는 문미가 내려간다.

> Prišiel až popoludní.
> 쁘리쉬엘 아쉬   뽀뽈루드니
> 그는 오후가 되어서 왔다.

② 의문사가 없는(예, 아니오로 답한다) 의문문은 말 끝이 올라간다.

> Neprišiel som neskoro?
> 네쁘르지쉘   쎔   네스꼬로
> 제가 늦게 오지 않았습니까?

어미의 어구가 3음절 이상인 경우, 1) 마지막 음절이 아주 높아진 경우와 2) 2음절째가 아주 높아지고, 3음절째부터 내려가는 경우가 있다.

> 1) Prídeš popoludní?
>   쁘리데쉬   뽀뽈루드니
> 2) Prídeš popoludní?
>   쁘리데쉬   뽀뽈루드니
>   (자네는)오후에 올 것인가?

③ 양자택일의 의문문에서는 nebo[또는]의 앞이 올라가고, 그 뒤는 내려간다.

> **Je to vaše alebo naše?**
> 예 또 와쉐 알레보 나쉐
> 그것은 당신 것입니까? 우리들 것입니까?

④ 의문사가 있는 의문문은 일반적으로 어미가 내려간다

> **Čo to tu robíš?**
> 쪼 또 뚜 로비쉬
> (자네는) 무엇을 하고 있어?

B. 기본적인 슬로바키아어 회화

1. 일반 표현
2. 여러 가지 대답 표현
3. 시간에 관한 표현
4. 수, 무게, 온도 등에 관한 표현

1. 일반 표현

인사 : 안녕하십니까?

안녕하세요!(아침인사)
Dobré ráno!
도브레   라노

안녕하세요!(낮인사)
Dobrý deň!
도브리   덴

안녕하세요!(저녁인사)
Dobrý večer!
도브리   웨체르

야! 안녕!(친한 사람에게)
Ahoj! : Čau!
아호이 : 차우

① Dobré ráno!는 아침에 일어났을 때나 또는 이른 아침 인사로 사용한다. Dobrý deň! [도브레 이뜨로] 라고도 한다.
② Dobrý deň!은 아침부터 저녁까지 하루 종일 사용한다. 해가 지고부터는 dobrý večer!가 된다. 이 인사는 첫 대면의 사람이나 가게 등에 들어갈 때 사용된다.
③ Ahoj! Čau!는 친한 사람 사이에서 사용한다. Nazdar![나즈다르]도 때로는 친한 사람 사이에서 사용된다.

「…씨」에 해당하는 슬로바키아어는 남성에게 pán, 기혼 여성에게는 pani, 미혼 여성에게는 slečna로, 영어의 Mr., Mrs., Miss에 해당한다. 슬로바키아어의 경우는 성만이 아니고, 이름 앞에도 붙일수 있다. 여성의 성은 남성의 성에 -ová가 붙는다. 남성의 성이 -ý로 끝나는 경우에 여성은 -á가 된다.

노박씨
Pán Novák
빤　노와끄

노바코바 부인(노박 부인)
Pani Nováková
빠니　노와꼬바

노바코바 양
Slečna Nováková
슬레츠나　노와꼬바

처음 뵙겠습니다

이분은 김규진씨입니다.
To je pán Kjudžin Kim.
또　예　빤　규진　김

저는 김규진입니다.
Som Kjudžin Kim.
쏨　규진　김

만나서 반갑습니다.
Teší ma.
떼쉬　마

만나게 되어 기쁩니다.(첫대면에서)
Teší ma, že vás spoznávam.
떼쉬 마 줴 와스 스뽀즈나왐

만나서 기쁩니다.(다시 만났을 경우)
Som rád(á), že vás vidím.
솜 라뜨(라다) 줴 와스 위짐

(당신의) 이름은 무엇입니까?
Ako sa voláte?
아꼬 사 볼라떼

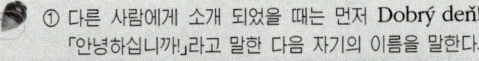

나는 김규진이라고 합니다.
Volám sa Kyuchin Kim
볼람 싸 규진 김

① 다른 사람에게 소개 되었을 때는 먼저 Dobrý deň! 「안녕하십니까」라고 말한 다음 자기의 이름을 말한다.
② 이름은 som 뒤에 이름과 성의 순으로 한다.
③ 「처음 뵙겠습니다」에 해당하는 것은 「당신과 알게 되어 기쁩니다.」의 의미인 Teší ma, že vás spoznávam.이지만, Teší ma 「기쁩니다」만으로도 충분하다.
④ 다시 만났을 때는 Som rád(á), že vás vidím 「당신을 뵙게 되어 기쁩니다.」가 된다. 남성이 말할 때는 rád, 여성은 rada이다.

건강(안녕) 하십니까?

어떻게 지내십니까?
Ako sa máte?
아꼬 싸 마떼

고맙습니다, 잘 지냅니다.
Ďakujem, dobre.
다꾸엠   도브레

그러면, 당신은?
A vy?
아 위

고맙습니다, 잘 지냅니다.
Ďakujem, dobre.
다꾸엠   도브레

어떻게 지내십니까?
Ako sa máte?
아꼬 싸   마쩨

어떻게 지내니(친한 사람에게)?
Ako sa máš?
아꼬 싸   마쉬

그럭저럭입니다.
Ide/ujde to.
이데/ 우이데 또

나쁩니다.
Zle.
즐레

무엇인가 새로운 것이 있습니까?
Čo je nové?
초 예   노웨

특별한 것은 없습니다.
Nič zvláštne.
니츠 즈블라슈뜨녜

① 「어떻게 지내십니까?」에 해당하는 Ako sa máte? 또는 Ako sa vám darí?이지만, Ako sa máte?가 자주 사용된다. 친한 사이에는 Ako sa máš? Ako sa ti darí? Ako sa ti vodí?)로 쓴다.
② 대답은 d'akujem 「고맙습니다.」라고 말한 다음 dobre 「좋아; 건강하다」라든가 ide to;ujde to;[우이데 또] 「그럭저럭 입니다」 등으로 말한다.

안녕히 가십시오.

안녕히!
Dovidenia!
도비제니아

편히 주무세요!
Dobrú noc!
도브루 노쯔

안녕히!(오랫동안 만나지 못할 때)
Zbohom!
즈보홈

자, 그럼!(친한 사람에게)
Ahoj! Čau!
아호이 차우

내일까지 안녕!
Dovidenia zajtra!
도비제니아   자이뜨라

건강하게 지내십시오!
Majte sa pekne!
마이떼 싸   페끄녜

잘지내!(친한 사람에게)
Maj sa pekne!
마이 싸   뻬끄녜

좋은 주말을!
Pekný víkend!
뻬끄니   위끄엔뜨

좋은 여행을!
Šťastnú cestu!
슈따스뜨누   쩨스뚜

① 일반적으로 사용되는 「안녕」은 Dovidenia로 다시 만날 것을 기약하는 의미가 들어있다.
② Dobrú noc!는 밤에 헤어질때나 사용한다. Zbohom!은 2번이나 만나지 못하는 경우나 장기간 헤어지는 경우에 사용하는 것으로 보통은 사용하지 않는 편이 좋다. 뜻은 하나님과 함께 하길!
③ Ahoj! Čau!는 친한 사람 사이에 헤어질 때 사용한다.

슬로바키아어에서는 「예」는 áno, 「아니오」는 nie지만, 보통 구어체에서는 áno 대신에 no[노]나, áno, hej[요]를 합해서 no áno, no hej[노요]라고 사용한다. 그러므로 no라고 하면 「아니오」는 아니므로 주의한다. 이 no, áno, no áno는 「예…」등 말이 막힐 때나 맞장구를 칠 때 사용한다. No[노]는 긍정, nie[네]는 부정.

고마워 - 천만에요.

일반 표현

고마워
Ďakujem!
다꾸엠

고맙습니다.
Ďakujem vám.
다꾸엠 밤

천만에요.
Nie je začo.
니에 예 자초

정말 고맙습니다.
Ďakujem vám pekne.
다꾸엠 왐 뻬그녜

고마워(친한 사람에게)/감사합니다(존대말)
Díky/Vďaka/ďakujem
디끼 브다까 다꾸엠

천만에요.
Prosím. Rado sa stalo.
브로심　　라도　싸　스딸로

천만에요. 별것 아닙니다.
Za málo. To je maličkosť.
자　말로　　또　예　말리츠꼬스뜨

여러가지로 고마웠습니다.
Ďakujem za všetko.
댜꾸옘　　자　프쉐뜨꼬

① 감사를 표시하는 방법으로 제일 간단한 것은 Ďakujem. 로, 「나는 감사한다.」의 의미이다. 「우리들은 감사한다」라고 말하고 싶을 때는 Ďakujeme [댜꾸예메]가 된다.
② 보다 정중하게 말하고 싶을 때는 vám「당신에 대해서」를 붙이기도 하고, pekne「멋있고, 정말로」를 붙인다.
③ dík : díky는 친한 사람에 대해서 사용한다.
④ 사람에게 예를 표할 때는 Nie je začo.가 보통이다. Prosím은 「천만에요」라는 의미로 사용한다.
⑤ 「…에 대해 고마워」라고 말하는 경우에는 전치사 za를 사용한다.

아니오, 괜찮습니다.

커피 마시겠습니까?
Dáte si kávu?
다떼　씨　　까부

예, 마시겠습니다.
Áno, dám si.
아노 담 씨

아니오, 괜찮습니다
Nie, ďakujem.
네 댜꾸옘

커피 어떻습니까?
Prosíte si kávu?
쁘로씨쩨 씨 까부

지금은 괜찮습니다. 다음에 마시겠습니다.
Teraz nie, ďakujem. Možno neskôr.
떼라스 니에, 댜꾸옘. 모즈노 네스꾸어르

커피는 필요 없습니까?
Nechcete kávu?
네흐쩨떼 까부

아니오, 마시고 싶습니다.
Áno, dal(a) by som si.
아노 달(달라) 비 쏨 씨

① 「…은 어떻습니까?」라고 말할 때는 필요의 유무를 확실하게 말한다.
② 슬로바키아어의 「예」는 Áno.「아니오」는 Nie이다. 「필요 없다고」라고 말하는 경우, Nie에는 Ďakujem 「고마워」를 붙이는 쪽이 정중한 표현이 된다. 부정으로 물은 경우에도 필요한 경우에는 no. 필요 없는 경우는 Nie.이다.
③ 「저는 (커피 등을)마시겠습니다.」는 Dám si.이고, 보다 정중하게 말하고 싶을 때는 Dal(a) by som si(남성이 말할

때는 dal, 여성이 말할 때는 dala)가 된다.
④ Ďakujem만을 사용할 경우에는 「필요 없다」라는 의미가 되지 않으므로 주의해야 한다.

미안합니다.

미안합니다 : 드릴 말씀이 없습니다.
Prepáčte mi, prosím.
쁘레빠츠떼 미 쁘로심

미안합니다
Dovolíte? ; S dovolením!
도월리떼 즈도월레님

실례합니다.
Prepáčte, prosím.
쁘레빠츠쩨 쁘로심

여기 있어요.
Prosím.
쁘로심

괜찮습니다.
Nič sa nestalo.
니츠 싸 네스딸로

말씀(일)중에 미안합니다.
Prepáčte. Že vás obťažujem.
쁘레빠츠떼 줴 와스 오프떼쥬옘

잠시 실례합니다.
Ospravedlníte ma na okamžik/na chvíľu/.
오스쁘라베들니떼 마 나 오깜쥐끄 나 흐빌루

화내지 마세요.
Nehnevajte sa.
녜흐녜와이떼 싸

마음에 두지 마세요 ; 상관 없습니다.
To nevadí.
또 네와지

아무것도 아닙니다.
To nič.
또 니쯔

① Prepáčte.를 사용하는 경우에는 1) 무례를 사과하는 경우와 2) 갑자기 사람에게 말을 걸거나 일을 하고 있는 사람을 막는 경우의 2가지가 있다.
② 혼잡한 차속, 도로 등을 통과하고 싶은 경우에는 Dovolíte? 또는 S dovolením!이라고 말한다. 대답으로는 Prosím. 이라고 한다.
③ 실수로 사람의 발을 밟았거나 부딪쳤을 때 가볍게 사과하는 말은 Pardón.이다. 심하게 부딪쳤을 때는 Prepáčte. 라고 한다.
④ 일을 끝내고 자리를 뜰 경우에는 Ospravedlníte ma.를 사용한다.
⑤ 「아무것도 아닙니다.」라고 말할 때에 보통으로 상용되는 것은 Nič sa nestalo.나 To nič.이다.

좋습니까?

들어가도 괜찮습니까?
Môžem ďalej?
뮈젬 달레이

물론입니다.
Samozrejme.
사모즈레이메

자, 물론이지요
Prosím.
쁘로씸

담배를 피워도 좋습니까?
Môžem si zapáliť?/Smiem si zapáliť?
뮈젬 씨 자빨리뜨 / 스미엠 씨 자빨리뜨

여기에서는 담배가 금지되어 있습니다.
Tu nie je dovolené fajčiť.
뚜 니에 예 도볼레네 화이치뜨

창을 열어도 좋습니까?
Môžem otvoriť okno?
뮈젬 오뜨보리뜨 오끄노

부탁해도 되겠습니까?
Môžem vás o niečo poprosiť?
뮈젬 와스 오 니에초 뽀쁘로씨뜨

부탁이 있습니다만.
Mám k Vám prosbu.
맘 끄왐 쁘로즈부

물어봐도 좋습니까?
Môžem sa vás na niečo spýtať?
뭐젬 싸 와스 나 녜초 스삐타뜨

① 「(내가) …해도 좋습니까?」라고 사람에게 허가를 구하고 싶을 때는 보통 Môžem…? 「…할 수 있을까?」로 한다. Môžem.를 약간 문어적으로 말하면 Môžem [모후]이다. 보통의 회화에서는 Môžem.가 Môžeme. [뭐제메]로 된다.
② 허가를 구할 때는 Smiem…?를 사용할 때도 있다. 상대방에게 「허가를 받을 수 있을까?」라고 하는 의미가 좀 더 강해진다.

상관 없습니까?

상관 없습니까?
Nevadí Vám to?
네와지 왐 또

전혀 상관 없습니다.
Vôbec nie.
부베쯔 니에

담배를 피워도 상관 없습니까?
Nevadí Vám keď si zapálim?
네와지 왐 께뜨 씨 자빨림

사정은 어떻습니까?
Hodí sa Vám to? ; Vyhovuje Vám to?
호디 싸 왐 또   위호부예   왐 또

예, 괜찮습니다.
Áno, vyhovuje.
아노   위호우예

① 「상관 없습니까?」는 Nevadí Vám to?로 「폐는 끼치지 않았습니까?」라는 의미도 된다. 이 경우 「상관 없습니다」라고 말하고 싶을 때는 Nie.「예」 Nevadí.「상관 없습니다」라는 부정형으로 되므로 주의해야 한다.
② 사람을 만나는 약속을 할 때 등 결정하는 것이 상대의 사정에 맞을지, 어떨지를 확인하는 경우는 Hodí sa Vám to? ; Vyhovuje Vám to?라고 한다.

슬로바키아어에는 연장자에게나 친하지 않은 사람, 친한 사람에 대한 말하는 방법이 서로 다르다. 친하지 않은 사람에게 「당신」이라고 말할 때는 본래 「당신, 님」에 해당하는 vy를 사용하고, 친한 사람에게는 ty를 사용한다. 처음 알게된 슬로바키아인과는 vy로 말하고 친해지면 ty로 말한다. 어린이나 학생간의 첫 대면에는 ty로 말한다. 그러나 대학생한테는 대게 vy를 사용한다. 부모와 자식간에는 우리와 달리 친한 사이니 물론 ty를 쓴다.

부탁합니다.

부탁합니다 ; 미안합니다.
Prosím.
쁘로씸

부탁합니다 ; 미안합니다.
Prosím Vás.
쁘로씸   와스

커피를 부탁합니다.
Kávu, prosím.
까부   쁘로씸

계산을 부탁합니다.
Budem platiť.
부젬   쁠라찌쯔

조금 기다려 주십시오.
Moment, prosím. Okamžik, prosím.
모멘뜨   쁘로씸   오깜쥐끄   쁘로씸

조선 호텔로 가주십시오.
Hotel Chosun, prosím.
호뗄   조선   쁘로씸

이것을 부탁합니다.
Toto, prosím.
또또   쁘로씸

① 「부탁합니다.」「…해 주시오」라고 할 때는 Prosím. 을 사용한다 여기에 Prosím Vás.와 같이 vás를 붙이는 것이 정중한 표현이 된다.
② 무엇인가 사고 싶어서 「…을 주시오」라고 말할 때는 명사의 앞이나 뒤에 Prosím을 붙이는 것만으로 충분하다.

…해 주시겠습니까?

설명해 주시겠습니까?
Môžete mi to vysvetliť?
뭐제떼   미   또   위스웨뜰리뜨

도와주시겠습니까?
Môžete mi pomôcť?
뭐제떼   미   뽀뭐쯔뜨

도와주시겠습니까?
Mohli by ste mi pomôcť?
모홀리   비   스떼   미   뽀뭐쯔뜨

조금 천천히 말해 주시겠습니까?
Môžete hovoriť trochu pomalšie?
뭐제떼   호보리뜨   뜨로후   뽀말쉬에

그것을 써 주시겠습니까?
Môžete mi to napísať?
뭐제떼   미   또   나삐사뜨

주소를 가르쳐 주시겠습니까?
Môžete mi dať vašu adresu?
뭐제떼   미   다뜨   와쉬   아드레쑤

미안합니다만, 그것을 집어 주십시오.
Buďte tak dobrý a podajte mi to.
부찌떼   딱   도브리   아   뽀다이떼   미   또

① 「…해 주시겠습니까?」라고 사람에게 정중하게 의뢰를 할 때는 Môžete…를 사용한다. 보다 정중하게 조금 돌려서 말하고 싶을 때는 Mohl(a) by ste…?(남성에 대해서는 mohol, 여성에 대해서는 mohla를 쓴다.
② 「실례합니다만 …해주시오」라고 말할 때는 Buďte taký láskavý.[라스까프]) a…를 사용할 수도 있다./dobrý/láskavý가 여성에 대해서는 각각 dobrá/lásakvá [호드나] dobrá/láskava´[라스까와]가 된다.

…하고 싶습니다만.

그것을 사고 싶다.
Chcem si to kúpiť.
흐쩸 시 또 꾸삐뜨

그것을 사고 싶습니다.
Chcel(a) by som si to kúpiť.
흐쩰 (라) 비 쏨 씨 또 꾸삐뜨

뭘 원하십니까?
Čo si prajete/želáte?
쪼 씨 쁘라예떼/ 젤라떼

그것을 사겠습니다.
Vezmem si to.
웨즈멤 씨 또

무엇인가 마시고 싶습니다.
Chcel(a) by som niečo na pitie.
흐쩰 (라) 비 쏨 니에초 나 삐디에

무엇인가 먹고 싶습니다.
Chcel(a) by som niečo na jedenie.
흐뗄 (라) 비 쏨 녜쪼 나 끄이들루

무엇인가 좋은 것을 먹고 싶습니다.
Dal(a) by som si niečo dobré.
달 (라) 비 쏨 씨 녜쪼 도브레호

당신과 만나고 싶습니다.
Chcel(a) by som sa s vami stretnúť.
흐뗄 (라) 비 쏨 싸 스 와미 스뜨레뜨누뜨

체르니끄 씨와 말하고 싶습니다.
Chcel(a) by som hovoriť s pánom
흐뗄 (라) 비 쏨 호보리뜨 스 빠놈

Novákom.
노와꼼

---

① 「나는…을 하고 싶다.」「…이 탐나다」라고 말할 때는 Chcem…를 사용한다.

② 「나는 …하고 싶습니다.」「…을 바랍니다.」을 부드럽게 할 때는 Chcel (a) by som… (남성이 말할 때는 Chcel, 여성이 말할 때는 Chcel)라는 가정법을 사용한다.

③ 여러 가지를 본 다음 「그것을 사겠습니다.」라고 말할 때는 Vezmem si to.「그것을 가지겠습니다.」라고 말한다.

④ 「무엇인가 먹을 것」은 niečo na jedenie 「무엇인가 마실 것」은 niečo na pitie 「무엇인가 좋은 것, 맛있는 것」은 niečo dobré 「무엇인가 다른 것」은 niečo iné [니에초 이네]가 된다.

실례합니다만.

실례합니다만.
Prepáčte.
쁘레빠츠떼

무엇입니까?
Prosím?
쁘로씸

뭐라고 말씀하셨습니까?
Prosím?
쁘로씸

여보세요!(남성에게)
Prosím vás!
쁘로씸 와스

여보세요!(여성에게)
Pani, prosím vás!
빠니 쁘로씸 와스

여보세요!(젊은 여성에게)
Slečna, prosím vás!
슬레츠나 쁘로씸 와스

여보세요! ; 잠깐만!(말을 걸 때)
Haló!
할로

여보세요!(전화 받을 때)
Prosím!
쁘로씸

웨이터!
Pán vrchný!
반   브르흐니

미안하지만, 한번더 말해 주십시오.
Prosím Vás, povedzte mi to ešte raz.
쁘로씸   와스   뽀베쯔떼   미 또 에슈떼 라즈

① 길이나 무엇인가를 물을려고 타인에게 말을 걸 때는 Prepáčte. 「실례하지만」이라고 말을 거는 것이 보통이다. Prepáčte., Prosím이라고 하면 보다 정중한 표현이다. 여기에는 Prosím 「무엇입니까?」또는 Áno[아노] 「예?」라고 받는다.
② 사람을 부르거나 주의를 끌고 싶을 때, 남성에 대해서는 Pane! 여성에 대해서는 Pani! 젊은 여성에게는 Slečna! 라고 할 수도 있다. Haló!라고 부르기도 한다. 웨이터라고 부를 때는 Pán vrchný!가 된다.
③ 전화상의 「여보세요」도 Haló!이다.
④ 상대의 말을 몰라서 되물을 때는 Prosím?라고 말꼬리를 올려서 말한다. 「무엇?」에 해당하는 Čo? [쪼], Čože? [쪼제](뭣이라구?)는 그다지 정중한 표현이 아니므로, 친한 사이에서만 사용한다.

…입니까? - 예 : 아니오

당신은 동수씨 입니까?
Ste pán Dong Su?
스떼 반   동수

예, 그렇습니다.
Áno, som.
아노   쏨

아니오, 아닙니다.
Nie, nie som.
니에 니에 쏨

실례지만, 동수씨 부인이 아니십니까?
Prepáčte, nie ste pani Dong Su?
쁘레빠츠떼 니에 스테 빠니 동수

예, 김입니다.
Áno, som Kim.
아노 쏨 킴

패스포트를 가졌습니까?
Máte pas?
마떼 빠스

예, 이것입니다.
Áno, prosím.
아노 쁘로씸

당신은 동수씨를 압니까?
Poznáte pána Dong Su?
뽀즈나떼 빠나 동수

예, 알고 있습니다.
Áno, poznám.
아노 뽀즈남

아니오, 모릅니다.
Nie, nepoznám.
니에 네뽀즈남

이것은 극장입니까?
Je to divadlo?
예 또 지와들로

아니오, 이것은 박물관입니다.
Nie, to je múzeum.
니에 또 예 무제움

① 「예」는 Áno, 「아니오」는 Nie이지만, 부정 의문문에서도 긍정의 대답은 Áno, 부정은 Nie이다.
② 동사 앞에 Nie를 붙이면 그 동사를 부정하는 것이 된다.

슬로바키아어를 아십니까?

슬로바키아어를 이해 하십니까?
Rozumiete po slovensky?
로주미에떼 뽀 슬로벤스끼

아니오, 모릅니다.
Nie, nerozumiem.
네 네로주미엠

예, 그러나 조금 밖에 모릅니다.
Áno, ale len trochu.
아노 알레 렌 뜨로후

영어는 할 줄 아십니까?
Hovoríte po anglicky?
호보리떼 뽀 앙글리쯔끼

예, 합니다.
Áno, hovorím.
아노   호보림

나는 슬로바키아어를 조금 말합니다.
Hovorím trochu slovensky.
호보림   뜨로후   슬로벤스끼

당신은 한국어를 말할 수 있습니까?
Viete po kórejsky?
비에떼 뽀   꼬레이스끼

아니오, 할 줄 모릅니다.
Nie, neviem.
니에   네비엠

영어를 말할 줄 아십니까?
Viete hovoriť po anglicky?
위에떼   호보리쯔   뽀   앙글리쯔끼

이것을 슬로바키아어로 무엇이라고 말합니까?
Ako sa to povie po slovensky?
아꼬 싸 또   뽀비에 뽀   슬로벤스끼

① 「…어를 말하다」「…어를 알다」라고 말할 때, 슬로바키아어에서는 「…어로 」라고 하는 말을 사용한다. 「슬로바키아어로」는 slovensky, 「영어로」는 anglicky, 「일본어로」japonsky, 「독일어로」는 nemecky [네메쯔끼] 「한국어로」는 kórejsky이다.
② 「(나는) …어로 말하다」는 Hovorím… 「(나는) …어를 말할 수 있다」는 Viem… 「(나는)…어를 안다」는 Rozumiem… 이다. …에 ①의 「…어로」를 넣어서 사용한다.

③ Viete po anglicky?라고 말하면, 「영어를 할 수 있는가(능력이 있는가)」라고 하는 의미이지만, 말을 할 수 있는지 어떤지를 상대에게 묻는 경우가 실례로 느껴질 수도 있으므로, Hovoríte po anglicky?를 사용하는 것이 보통이다.

…이 있습니까?

맥주가 있습니까?
Máte pivo?
마떼 삐워

예, 있습니다.
Áno, máme.
아노 마메

아니오, 없습니다.
Nie, nemáme.
니에 네마메

브라티슬라비의 지도가 있습니까?
Máte mapu Bratislavy?
마떼 마뿌 브라찌슬라위

없습니다.
Nie je. Nie sú.
니에 예 니에 쑤

라이터를 갖고 있지 않습니까?
Nemáte zapalovač?
네마떼 자빨로와츠

쁘로하스까 씨는 댁에 계십니까?
Je pán kováč doma?
예 빤 코바츠 도마

예, 계십니다.
Áno, je doma.
아노 예 도마

아니오, 계시지 않습니다.
Nie, nie je doma.
니에 니에 예 도마

① 레스토랑이나 상점 등에서 「…이 있습니까?」라고 말하고 싶을 때는 Máte…? 「…을 가졌습니까?」라고 묻는다.
② 사람에게 물을 때 등 보다 정중하게 말하고 싶을 경우는 Nemáte…? 「…을 갖고 있지 않습니까?」라고 부정형으로 하기도 하고, 부정형으로 Nemáte náhodou…? [네마떼 나호도우] 「혹시 …을 갖고 있지 않습니까」와 「우연히」 náhodou를 붙인다.
③ 희망하는 물건이 없을 때는 Nemáme. 「갖고 있지 않습니다.」 또는 Nie je. Nie sú. 「없습니다」라고 한다.
④ 「…이 있습니다.」가 단수에서는 je, 복수에서는 S. [쑤]이다. 부정형은 각각 Nie je, Nie sú.로 된다.

이것은 무엇입니까?

이것은 무엇입니까?
Čo je to?
초 예 또

이것은 벡헤로프카입니다.
To je Becherovka.
또   예   베헤로프까

벡헤로프카는 무엇입니까?
Čo je to Becherovka?
쪼 예 또   베헤로프까

벡헤로프카는 체코/슬로바키아의 식사전의 입맛 돋구는 술입니다.
Becherovka je český/slovenský aperitív
베헤로프까   예 체스끼   슬벤스끼   아뻬라띠프

이것은 누구의 것입니까?
Čie je to?
치에 예 또

이것은 누구의 책입니까?
Čia je tá kniha?
치아 예 또 끄니하

이것은 나의 것입니다.
To je moje.
또 예 모예

어느 버스가 꼬시쩨에 갑니까?
Ktorý autobus ide do Košíc?
끄또리   아우또부스 이데 도   꼬시쯔

이것은 무엇으로 되어 있습니까?
Z čoho je to?
스초호   예   또

이것은 무엇에 사용하는 것입니까?
Na čo je to?
끄 초 예 또

무엇에 관해서 말하고 있는 것입니까?
O čom sa hovorí?
오   촘   싸   호보리

무엇이 문제가 되어 있는 것입니까?
O čo ide?
오   초   이데

① čo?는 「무엇?」이라고 물을 때 사용한다. 앞에 전치사가 올 때는 co의 형이 바뀔 수 있지만, čoho, čomu/komu, čím, 「무엇?」이라고 하는 의미이다.
② 「누구의?」라고 말할 때는 Čí를 사용한다.
③ 「어느?」「어디의?」「어떤?」에 해당하는 것은 ktorý이다.

직업은? 고향(나라)은?

무엇을 하고 계십니까?(직업은?)
Čím ste?
침   스쩨

나는 기자(남성)입니다.
Som žurnalista.
쏨 쥬르날리스따

당신은 어느 나라 사람입니까?
Odkiaľ ste?
오뜨끼알 스떼

한국에서 왔습니다.
Som z Južnej Kórey.
쏨 즈 유즈네이 꼬레이

나는 서울에서 왔습니다.
Som zo Soulu.
쏨 조 소울루

나는 한국인(남성)입니다.
Som Kórejčan.
쏨 꼬레이찬

나는 한국인(여성)입니다.
Som Kórejčanka.
쏨 꼬레이찬까

나는 학생(남성)입니다.
Som študent.
쏨 슈뚜덴뜨

나는 학생(여성)입니다.
Som študentka.
쏨 슈뚜덴뜨까

어디에서 일하고 계십니까?
Kde pracujete?
그데　쁘라쭈예떼

저사람(남성)은 어떤 분입니까?
Kto je ten pán?
그도　예　뗀　빤

이사람은 웨셀리 씨 입니다.
To je pán Veselý.
또　예　빤　위쎌리

① 「누구?」에 해당하는 것은 Kto?이다.
② 출신, 국적은 Odkiaľ ste 또는 Odkiaľ pochádzate? [오뜨키얄 보하자떼]
③ 직업에 관해서 물을 때는 보통 Čim ste? 「무엇을 하고 있습니까?」 또는 Kde pracujete? 「어디에서 일하고 있습니까?」라고도 한다.
④ 국적이나 직업을 말할 때, 남성과 여성의 형은 틀리다. 여성형은 남성형에 ka가 붙는 것이 많다.

여기는 어디입니까?

우리는 지금 어디에 있습니까?
Kde sme teraz?
그데　스메　떼라스

이것은 어떤 길입니까?
Čo je to za ulicu? Aká je to ulica?
쪼　예　또　자　울리쭈　　아까　예　또　울리짜

이것은 슈뚜르 거리입니다.
To je Štúrova ulica.
또 예 슈뜨로와 울리짜

이것은 어떤 역입니까?
Čo je to za stanicu?
초 예 또 자 스따니쭈

이 건물은 무엇입니까?
Čo je to za budovu?
초 예 또 자 부도부

이 길의 이름은 무엇입니까?
Ako sa volá táto ulica?
아꼬 싸 볼라 따또 울리짜

미안하지만, 민족극장은 어디입니까?
Prepáčte, kde je Národné divadlo?
쁘레빠츠떼 그데 예 나로드네 디바들로

전화는 어디에 있습니까?
Kde je telefón?
그데 예 뗄레폰

어디 사십니까?
Kde bývate?
그데 비바떼

친구 집에 삽니다.
Bývam u priateľa.
비밤 우 쁘리아뗄라

포룸 호텔에 있습니다.
Bývam v hoteli Fórum.
비밤　브　호뗄리　포롬

① 「어디?」에 해당하는 것은 kde?이다. 탈 것에 타고 있으면서 지금 어느 곳에 있는지 모르게 되었을 때는 Kde teraz sme? 「우리들은 지금 어디에 있습니까?」라고 묻는다.
② 「…은 어디입니까?」는 Kde je…가 된다.
③ Čo je to za…는 구어적으로 말하는 방법으로 「무엇이라고…?」「어떤…?」이라고 물을 때 사용한다.

얼마입니까?

이것은 얼마입니까?
Koľko to stojí?
꼴꼬　또　스또이

30코루나 입니다.
Tridsať korún.
뜨리짜뜨　꼬룬

이것으로 전부입니다.
To je všetko.
또　예　브쉐뜨꼬

전부 얼마입니까?
Koľko to stojí spolu?
꼴꼬　또　스또이　스뽈루

무료입니다.
Zadarmo.
자다르모

이것은 싸군요.
To je lacné.
또 예 라쯔네

이것은 비싸군요.
To je drahé.
또 예 드라헤

잔돈을 가졌습니까?
Máte drobné?
마떼 드로브네

거스름 돈입니다.
Tu máte naspäť. Tu máte nazad výdavok.
뚜 마떼 나스빠뜨 뚜 마떼 나자드 비다복

---

① 어느 물건의 가격을 물을 때는 Koľko to stojí?이다.
② 여러 가지의 물건을 살 경우 「이것으로 전부입니다.」라고 말할 때는 To je všetko.이다. 정리해서 지불하는 금액을 물을 때는 Koľko to stojíspolu/dokopy?이다.
③ 슬로바키아의 통화 단위는 koruna [꼬루나]로 약자는 Kč(Sk)이다. 1꼬루나는 jedna koruna [예드나 꼬루나], 2(3, 4)꼬루나는 dve, tri, štyri koruny, [드웨(뜨리, 쉬띠리)꼬르니는 숫자(기수사)에 korún [꼬룬]을 붙인다.
④ 잔돈은 drobné, 거스름 돈은 späť/nazad 또는 naspäť [나스빠뜨]이다.

어떻게 되었습니까?

무슨 일이 있었습니까?
Niečo sa stalo? Čo sa stalo?
니에초 싸 스딸로 초 싸 스딸로

(당신에게)무엇이 있었습니까?
Čo sa vám stalo?
초 싸 왐 스딸로

아니오, 아무것도 아닙니다.
Nič. To je v poriadku.
니츠 또 예 프 뽀리아뜨꾸

어떻게 되어 갑니까? 무엇이 일어났습니까?
Čo sa deje?
초 싸 뎨에

사정이 나쁜 것입니까?.
Čo je vám?
초 예 왐

아무것도 아닙니다.
To nič nie je.
또 니츠 니에 예

기분이 나쁜 것입니다.
Je mi zle.
예 미 즐레

나는 머리가 아픕니다.
Bolí ma hlava.
볼리   마   흘라와

> ① 「무슨 일이 있었습니까?」라고 말할 때는 Niečo sa stalo?나 Čo sa stalo?라고 묻는다. 지금 무엇이 일어나고 있는 경우는 Čo sa deje?이다.
> ② 「당신에게 있어서 무엇이 일어났습니까?」라고 구체적으로 묻는 경우에는 vám 「당신에게 있어서」를 넣는다.
> ③ 사람에 대해서 「당신 어떻게 됐습니까?」라고 말할 때는 Čo je vám?으로 된다.
> ④ 「(나는)…이 아프다」라고 말할 때는 Bolí ma…로 된다.

일반표현

갑시다.

커피를 마시러 갑시다.
Poďme na kávu. Ideme na kávu.
뽀즈메 나 까부   이데메 나 까부

어딘가로 먹으러 갑시다.
Poďme sa niekam/niekde najesť.
뽀즈메 싸 녜깜   니에그데 나이스뜨

맥주를 마시러 갑시다.
Poďme na pivo.
뽀스메 나 삐보(워)

어딘가로 마시러 갑시다.
Poďme sa niekam/niekde napiť.
뽀즈메 싸 녜깜   니에그데 나삐뜨

그거를 보러 갑시다.
Poďme sa na to pozrieť.
뽀즈메 싸 나 또 뽀즈리에뜨

영화를 보러 갑시다.
Poďme do kina.
뽀즈메 도 끼나

집에 갑시다.
Poďme domov.
뽀즈메 도모브

갑시다.
Poďme. Ideme.
뽀즈메 이데메

어디를 갑니까?
Kam idete?
깜 이데떼

성(城)에 갑니다.
Ideme na hrad.
이데메 나 흐라뜨

---

① 「…하러 갑시다.」 「…에 갑시다.」라고 말할 때는 Poďme [뽀쯔메] 또는 Ideme…를 사용한다. Ideme의 쪽은 「지금 곧 간다」라고 하는 경우에 사용한다.

② kam? 「어디에?」는 kde? 「어디로?」와는 다르다. 또, 「간다」라고 하는 동사는 걸어서 가는 경우와 타고 가는 경우와는 다르다. 걸어서 가는 경우는 isť로 「내가 간다」는 idem, 「당신이 간다」는 idete이다. 또 타고 가는 경우에도 ísť?

「내가 간다」는 idem [이뎀], 「당신이 간다」는 idete [이데떼]이다.

…을 좋아합니다.

나는 브라티슬라바가 정말 마음에 듭니다.
Bratislava sa mi veľmi páči.
브라찌슬라와 싸 미 벨미 빠치

나는 드보르작을 좋아합니다.
Mám rád/rada Mozarta.
맘   라뜨(라다)   모짜르따

브라티슬라바는 어떻습니까?
Ako sa vám páči Bratislava?
아꼬 싸 왐 빠치 브라찌슬라와

정말 마음에 듭니다.
Veľmi sa mi páči.
웰미 싸 미 빠치

오페라를 좋아합니까?
Máte rád/rada operu?
마떼   라뜨(라다)   오뻬루

① 「…이 마음에 든다」라고 하는 것은 Páči sa…로, 「내가」라고 말하고 싶을 때는 mi 「나에게 있어서」가 들어간다. 「당신에게 있어서」는 vám이다.
② 「(나는) …을 좋아한다」로 말할 때는 Mám rád/rada로 된

다. 남성이 말하는 경우는 rád, 여성은 rada이다. 「당신은 …을 좋아한다」는 Máte rád/rada…이다.

왜 가지 않습니까?

왜 쥘리나에 가지 않았습니까?
Prečo nejdete do Žiliny?
쁘레초 네예데떼 도 쥘리니

시간이 없기 때문입니다.
Pretože nemám čas.
쁘레또줴 네맘 차스

왜 콘서트에 가지 않습니까?
Prečo nejdete na koncert?
쁘레초 네이데떼 나 꼰쩨르뜨

이미 피곤하기 때문입니다.
Pretože som už unavený.
쁘레또줴 쏨 우쉬 우나웨니

① 「…왜?」에 해당하는 것은 Prečo? 「왜냐하면」은 Pretože이다.
② 「(나는) 시간이 없다.」는 Nemám čas이다. 「시간이 있습니까?」라고 묻는 경우는 Máte čas?로 된다.
③ 「피곤하다」라고 여성이 말하는 경우에는 unavená로, 남성이 말할 때는 unavený로 된다.

2. 여러 가지 대답 표현

긍정·찬성의 대답

예; 그렇습니다.
Áno.
아노

물론입니다.
Pravdaže.
쁘라브다 줴

물론; 당연합니다.
Samozrejme.
사모즈레이메

물론; 분명합니다.
Jasné.
야스녜

물론; 충분히 알고 있다.
To sa vie.
또 쎄 위에

그렇습니다 ; 바로 그것입니다.
To je ono.
또 예 오노

확실히 : 물론
Iste.
이스떼

동의합니다.
Súhlasím.
수흘라씸

당신에게 동의합니다.
Súhlasím s vami.
쑤흘라씸 스 와미

나는 찬성입니다.
Som pre/Som za.
쏨 쁘레 쏨 자

괜찮습니다. ; 좋습니다.
Dobre.
도브레

아주 괜찮습니다.
Výborne.
위보르네

올바르게 ; 바르게
Správne.
스쁘라브네

그것은 정말입니다.
Presne tak.
쁘레스녜 따끄

그대로 입니다. ; 그것은 정말입니다.
To je pravda.
또 예 쁘라우다

말씀하신 대로입니다. 당신이 옳습니다.
Máte pravdu.
마떼 쁘라우두

반드시 ; 꼭
Určite.
우르치떼

알았습니다.
Spoľahnite sa.
스뽈랴흐니떼 싸

그렇다고 생각합니다.
Myslím, že áno.
미슬림 줴 아노

기쁩니다.
S radosťou.
스 라도스또우

물론입니다.
Bez všetkého.
베스 프셰트께호

그것은 좋은 생각입니다.
To je dobrý nápad.
또 예 도브리 나빠드

부정·불찬성의 대답

아니오 ; 틀립니다.
Nie.
니에

결코 그렇지 않습니다.
Nikdy. ; Nikdy nie.
니그디 　 니그디 　 니에

결코 ; 어떤 경우에도 그렇지 않습니다.
V žiadnom prípade.
브 　 지아드놈 　 쁘리빠데

전혀 그렇지 않습니다.
Vôbec nie.
붜베쯔 　 니에

아직입니다.
Ešte nie.
에슈떼 니에

그것은 불가능합니다.
To nie je možné.
또 　 니에 　 예 　 모쥬네

설마! ; 아니다!
Kdeže!
그데제

설마! ; 생각이 미치지 못했습니다.
Ani nápad!
아니 나빠뜨

나는 동의하지 않습니다.
Nesúhlasím.
네쑤흘라씸

나는 반대입니다.
Som proti.
쏨   브로찌

그것은 틀립니다.
To nie je pravda.
또 니에 예 쁘라우다

당신은 틀립니다.
Nemáte pravdu.
네마떼   쁘라우두

저는 그렇지 않다고 생각합니다.
Myslím, že nie.
미슬림   줴 니에

나는 그것은 믿을수 없습니다.
Tomu neverím.
또무   네베림

나는 그것에 관해서 아무것도 모릅니다.
O tom nič neviem.
오 똠 니츠   네비엠

여러가지 대답 표현

그것은 의미가 없습니다.
To nemá zmysel./ To nemá cenu.
또 네마 즈미셀 또 네마 쩨누

예상·애매한 대답

그렇다고 할 수 있고, 그렇지 않다고도 할 수 있습니다.
Áno i nie.
아노 이 네

그럴지도 모릅니다.
Možno.
모쥬노

아마 ; 대략
Asi. Snáď.
아시 스나뜨

아마 ; 꼭
Pravdepodobne.
쁘라우데뽀도브녜

아마 ; 십중팔구.
Najskôr.
나이스꿔르

나는 모르겠습니다.
Neviem.
네위엠

그렇게 일컬어지고 있습니다.
Hovorí sa to.
호보리 싸 또

두고 봅시다.
Uvidíme.
우위지메

당신 좋으실데로
Ako chcete.
아꼬 흐쩨떼

너 좋은데로.
Ako chceš.
아꼬 흐쩨쉬

어느쪽도 좋습니다.
To je jedno.
또 예 예드노

나는 이쪽도 좋습니다.
Je mi to jedno./Mne je to jedno.
예 미 또 예드노   므녜 예 또 예드노

의문 · 놀람의 대답

그렇습니까?
Je to tak?
예 또 따끄

정말입니까?
Je to pravda?
예 또 쁘라우다

그것은 있을 수 있습니까?
Je to možné?
예 또 모쥬네

정말?
Skutočne? Naozaj?
스꾸또츠네 나호자이

정말(진지한 말)?
Vážne?
와쥬네

정말(그런 말하지 마세요)!
Ale nehovorte!
알레 네호보르떼

무엇이라고?
Čože?
쪼줴

어째서? ; 어떤일로?
Ako to?
아꼬 또

그것은 의심스럽습니다.
To sa mi nevidí.
또 사 미 네위지

여러 가지 대답 표현

그것은 의심스럽다고 생각합니다.
Pochybujem o tom.
뽀히부옘   오 똠

그것은 이상하군요.
To je divné.
또 예 지브네

믿을 수 없습니다.
Nechce sa mi veriť.
네흐쩨 싸 미 웨리쯔

이것은 놀랐습니다!
To je prekvapenie!
또 예 쁘레끄와뻬니에

우연이군요.
To je náhoda.
또 예 나호다

그렇게 되리라고는 생각하지 못했습니다.
To som nečakal(a).
또 쏨 네차깔(라)

놀랐습니다.
To sa divím. ; To sa čudujem.
또 싸 지윔   또 싸 추두옘

아, 놀랐습니다.
To som sa žľakol/zľakla.
또 쏨 싸 즐라꼴 즐라끌라

이거 안됐군!
To je hrôza!/ To je strašné
또 예 흐뤄자 또 예 스뜨라슈네

무슨일로! 세상에
Preboha!
브레보하

감탄·만족의 대답

좋습니다.
To je dobre.
또 예 도브레

그것은 예쁘다!
To je pekné!
또 예 뻬끄네

그것은 멋있습니다.
To je skvelé! ; To je nádherné!
또 예 쓰끄웰레 또 예 나드헤르네

정말 기쁩니다.
Som veľmi rád/rada.;To som rád/rada.
쏨 웰미 라뜨(다) 또 쏨 라뜨(다)

기쁩니다.
To mám radosť.
또 맘 라도스쯔

그것으로 정말 기쁩니다.
Mám z toho veľkú radosť.
맘 스 또호 웰꾸 라도스쯔

그것은 운이 좋았습니다.
To je šťastie.
또 예 슈따스띠에

나는 그것은 만족합니다.
Som s tým spokojný/spokojná
쏨 스 찜 스뽀꼬이니 스뽀꼬이나

그것은 정말 내 마음에 듭니다.
Veľmi sa mi to páči.
웰미 싸 미 또 빠치

나는 기쁠것입니다.
Budem sa tešiť.
부뎀 싸 떼쉬쯔

나는 그것에 감동했습니다.
Som tým nadšeny/nadšená
쏨 띰 나뜨쉐니 나뜨쉐나

동정·낙담의 대답

안됐습니다.
Ľutujem.
루뚜옘

그거 유감입니다.
To ma mrzí.
또 마 므르지

그거 안됐습니다. ; 동정합니다.
Je mi to ľúto.
예 미 또 류또

그것은 불운입니다 ; 그것은 슬픈일 입니다.
To je smola / To je nešťastie.
또 예 스몰라   또 예 네슈따스띠에

그거 유감입니다.
To je škoda.
또 예 슈꼬다

유감이지만, 정말입니다.
Bohužiaľ, je to tak.
보후지알   예 또 따끄

그가 오지 않기 때문에 유감입니다.
Škoda, že neprišiel.
슈꼬다 쥐 네쁘리쉬엘

난 실망했습니다.
Som sklamaný.
쏨   스끌라마니

불쌍하게도!
Chudák!
후닥

어떻게 하면 좋습니까?
Čo mám robiť?
초   맘   로비쯔

어찌할 수도 없습니다.
Nedá sa nič robiť.
네다   싸   니츠   로비뜨

화가남 · 불만

안됩니다. ; 그렇게는 안됩니다.
To nejde.
또   네이데

이대로는 더 이상 안됩니다.
Takto to ďalej nejde.
딱또   또   달레이   네이제

그런 것은 보통이 아닙니다.
To nie je len tak.
또   니에   예   렌   따끄

정말 부끄러워!
To je hanba!
또   예   한바

정말 무례하군!
To je drzosť!
또   예   드르조스쯔

도대체 그것은 어떤 일입니까?
Čo to má znamenať?
초 또 마 즈나메나쯔

내 앞에 나타나지마!
Nechoď mi na oči!
네호찌 미 나 오치

그것에 관해서 전혀 말하고 싶지 않습니다.
Nechcem o tom vôbec hovoriť!
네흐쩸 오 똠 워베쯔 호보리쯔

날 내버려 두세요! 단념해 주십시오!
Dajte mi pokoj!
다이쩨 미 뽀꼬이

단념해! 날 좀 가만 나둬!
Daj mi pokoj!
다이 미 뽀꼬이

나는 그걸 충분히 가지고 있습니다.
Už toho mám dosť.
우쉬 또호 맘 도스쯔

그만 두시오.
Nechajte to(ho).
네하이떼 또(호)

그것은 관계 없습니다.
Na tom nezáleží.
나 똠 네잘레쥐

그것은 흥미가 없습니다.
To ma nezaujíma.
또 마 네자우이마

되물을 때

네? ; 무엇이라고요?
Áno? Prosím?
아노 쁘로씸

무엇이 문제가 됩니까?
O čo ide?
오 초 이데

그것은 어떤 의미입니까?
Čo to znamená?
초 또 즈나메나

무어라고 말씀하셨습니까?
Prosím?
쁘로씸

말씀하신 것을 모르겠습니다.
Nerozumiem.
네로주미엠

잘 들리지 않습니다만
Nie je počuť.
니에 예 뽀츄뜨

좀더 천천히 말씀해 주시지 않겠습니까?
Môžete hovoriť trochu pomalšie?
뭐줴떼　호보리뜨　뜨로후　뽀말쉬에

한번 더 말씀해 주시지 않겠습니까?
Môžete to povedať ešte raz?
뭐줴떼　또　뽀웨다뜨　에슈떼 라즈

반복해 주시겠습니까?
Môžete to zopakovať?
뭐줴떼　또　조빠꼬와뜨

실수

그것은 실수입니다.
To je omyl.
또　예　오밀

당신의 실수입니다.
Mýlite sa.
밀리떼 싸

전화번호를 잘못 알았습니다.
Pomýlil/splietol/splietla som si číslo.
뽀밀릴,　스쁠리에똘 스쁠리에뜰라　쏨　씨　치슬로

아니오, 괜찮습니다.

괜찮습니다 ; 걱정하지 마십시오.
Nebojte sa.
네보이떼 싸

나는 걱정입니다.
Bojím sa/obávam sa
보임 싸 오바밤 싸

* 친한 사람에게 사용하는 것으로(a)는 여성에게 말할 때 사용한다.

여러가지 대답 표현

· 브라티슬라바
· 두나이江의 노비다리
· 교탑은 UFO를 상징하며 고급 레스토랑 전망대

3. 시간에 관한 표현

언제 댁에 계십니까?

언제 댁에 계십니까?
Kedy budete doma?
께디 부데떼 도마

오늘 밤 나는 집에 있습니다.
Budem doma dnes večer.
부뎀 도마 드네스 웨체르

(여성에게)언제 한국에 도착하셨습니까?
Kedy si prišli, pricestoval do Južnej Kórey?
께디 씨 쁘리슐리 쁘리쩨스또왈 도 유쥬네이 꼬레이

3일 전입니다.
Pred tromi dňami.
쁘레드 뜨로미 드냐미

슬로바키아에 되돌아 옵니까?
Kedy sa vrátite na Slovensko?
께디 싸 브라찌떼 나 슬로왠스꼬

언제 출발합니까?
Kedy odchádzate?
께디   오트하자떼

일주일내로
O týždeň.
오   띠쥬덴

언제 여기에 오셨습니까?
Od kedy ste tu?
오드   께디 스떼 뚜

그제입니다.
Od predvčera.
오뜨   쁘레드프체라

① 때에 관해서 물을 때는 kedy? 「언제?」를 사용한다.
② 「언제부터?」는 od kedy? 「언제까지」는 do kedy?이다.
③ 「…일 전, …년 전」 등 전을 나타낼 때는 pred, 「후」를 나타낼 때는 za를 사용한다.
④ 과거형은 남성과 여성에서 동사의 분사형이 틀린다. 남성은 l, 여성은 la가 된다. 「나는」의 경우는 ste가 som이 된다.
⑤ 오늘, 어제, 내일이 부사로서 사용하는 경우는 dnes, včera, zajtra이지만, 명사로서 사용하는 경우는 dnešok [드네쇽끄], včerajšok [후체라이쇽] zajtrajšok [자이뜨라이쇽끄]가 된다. od 「…부터」나 do 「…까지」가 오는 경우는 명사가 붙어 다음과 같이 된다. Od dnes/dneška [오드(도) 드네쇽끄] od včera/včerajška [오또 후췌라이슈까] odzajtra/zajtrajška [오드자이뜨라이슈까]

시간에 관한 표현

단어정리

시간에 관한 표현

- 오늘
  dnes
  드네스

- 어제
  včera
  프체라

- 내일
  zajtra
  자이뜨라

- 그저께
  predvčerom
  쁘르제데프체롬

- 글피
  pozajtra
  뽀자이뜨라

- 아침에
  ráno
  라노

- 새벽에
  za úsvitu/za rána
  자 우스위뚜 자 라나

- 낮에
  cez deň
  쩨스 덴

- 오전에
  doobeda
  도오베다

- 정오에
  na obed
  나   오베뜨

- 오후에
  poobede
  뽀오베데

- 저녁에
  večer
  웨체르

- 밤에
  v noci
  브 노찌

- 해질녘에
  za šera
  자   쉐라

- 지금
  teraz
  떼라즈

- 현재
  v súčasnosti
  프   수차스노스찌

- 일몰에
  pri západe slnka
  쁘리   자빠데   슬른까

- 한밤중에
  o polnoci
  오 뽈노찌

- 이 시각에
  teraz/v tomto čase
  떼라스/ 프 똠또 차쎄

- 그 날에
  ten deň ; v ten deň
  뗀 뎬 프 뗀 뎬

- 그 저녁에
  ten večer
  뗀 웨체르

- 어느 날
  jedného dňa
  예드네호 드냐

- 다음 날에
  druhý deň ; nasledujúci deň
  드루히 뎬 나슬레두유찌 뎬

- 당시는
  vtedy
  프떼디

- 오늘 아침
  dnes ráno
  드네스 라노

- 오늘 저녁
  dnes večer
  드네스 웨체르

시간에 관한 표현

- 내일 아침
  zajtra ráno
  자이뜨라　라노

- 내일 저녁
  zajtra večer
  자이뜨라　웨체르

- 방금
  pred chvíľou
  브렛　흐윌료우

- 일찍이
  kedysi ; kedysi dávno
  께디시　께디시　다브노

- 곧
  hneď
  흐네뜨

- 조금 후에
  o chvíľou
  오　흐윌루

- 후에
  potom, neskôr
  뽀똠　네스꿔르

- 조금 아까
  pred chvíľou
  쁘르세뜨 흐윌로우

- 아까, 조금전에
  nedávno
  네다브노

시간에 관한 표현

시간에 관한 표현

- 훨씬 전에
  dávno
  다브노

- 이전에
  prv, v tom čase/vtedy
  쁘루 프 똠 차세 프떼디

- 빨리, 일찍
  skoro, skôr
  스꼬로 스꿔르

- 될 수 있는 한 빨리
  čo možno najskôr
  쪼 모쥬노 나이스꿔르

- 시간내로
  včas
  프차스

- 최근에
  v poslednej dobe
  프 뽀슬레드네이 도베

- 옛날에
  dávno
  다브노

- 얼마 지나지 않아
  nedávno
  네다브노

- 하루종일
  (po) celý deň
  뽀 쩰리 덴

- 밤새도록
  (po) celú noc
  뽀   쩰루   노쯔

- 1주일간
  (po) celý týždeň
  뽀   쩰리   띠쥬덴

- 1개월간
  (po) celý mesiac
  뽀   쩰리   메시아쯔

- 1시간마다
  každú hodinu
  까쥬두   호지누

- 언제인가
  niekedy
  네께디

- 자주
  často
  차스또

- 언젠가
  niekedy
  네께디

- 보통(은) 대개
  obvykle
  오브위끌레

- 언제든지
  vždy
  브쥬디

시간에 관한 표현

- 끊임없이, 늘
  stále, neustále
  스딸레   네우스딸레

- 아주 ; 결코
  nikdy
  니그디

- 드물게
  málokedy, zriedka
  말로께디   즈리에뜨까

- 드디어, 결국
  konečne
  꼬네츠녜

- 마지막으로
  nakoniec
  나꼬네쯔

- 처음으로
  po prvykrát
  뽀   쁘르위끄랏

- 돌연(갑자기)
  náhle ; naraz
  나흘레   나라스

- 5분마다
  každú piatu minútu
  까쥬두   삐아뚜   미누뚜

- 하루 걸러, 이틀에 한번
  obdeň ; každý druhý deň
  오브뎬   까쥬디   드루히   뎬

시간에 관한 표현

- 매일
  každý deň
  까쥬디 덴

- 매년
  každý rok
  까쥬디 로끄

※ (po)는 강조할 때 사용한다.

몇분 며칠 몇 살입니까?

여기부터 얄타 호텔까지 어느 정도입니까?
Ako ďaleko je odtiaľto hotel Jalta?
아꼬 달레꼬 예 오뜨띠알또 호텔 얄타

걸어서 약 10분 입니다.
Asi desať minút pešo.
아씨 데싸뜨 미누뜨 뻬쇼

슬로바키아에서 당신은 얼마나 체재하셨습니까?
Ako dlho ste boli v na Slovensku?
아꼬 들호 스떼 볼리 브 나 슬로벤스꾸

이틀입니다.
Dva dni.
드와 드니

꼬시쩨까지 어느 정도 걸립니까?
Ako dlho trvá cesta do Kosíc
아꼬 들호 뜨르와 쩨스따 도 꼬시쯔

꼬시쩨까지 버스로 몇시간 걸립니까?
Koľko hodín asi trvá cesta autobusom?
꼴꼬 호진 아씨 뜨르와 쩨스따 아우또부쏨

do Kosíc
도 꼬시쯔

2시간 반입니다.
Dve a pol hodiny.
드웨 아 뽈 호지니

비행기로 코쉬쩨까지 얼마나 걸립니까?
Ako dlho trvá cesta lietadlom do Košíc?
아꼬 들호 뜨르와 쩨스따 리에따들롬 도 꼬쉬쯔

여기에 얼마나 체재하고 계십니까?
Ako dlho ste tu?
아꼬 들호 스떼 뚜

(지금부터)여기에 얼마나 체재하실 것입니까?
Ako dlho tu budete?
아꼬 들호 뚜 부데떼

(지금부터)얼마나 체재하실 것입니까?
Ako dlho sa zdržíte?
아꼬 들호 싸 즈드르쥐떼

일주일입니다.
Týždeň.
띠쥬덴

서울에서 며칠 체재하실 예정입니까?
Koľko dní budete v Soule?
꼴꼬 드니 부데떼 프 소울레

5일간 입니다.
Päť dní.
뻬뜨 드니

그는 몇 살입니까?
Koľko má rokov?
꼴꼬 마 로꼬우

2(3,4)년
dva, tri, štyri, roky
드와 (뜨리 슈띠리) 로끼

5(6,7)년
päť, šesť, sedem rokov
뻬뜨 (쉐스뜨 쎄뎀) 로꼬우

수년
niekoľko rokov
녜꼴꼬 로꼬우

지금 몇 시입니까?

몇 시입니까?
Koľko je hodín?
꼴꼬 예 호진

1시 입니다.
Je jedna hodina.
예   예드나   호지나

지금 몇 시입니까?
Koľko je teraz hodín?
꼴꼬 예 떼라즈   호진

정확한 시간을 가르쳐 주시겠습니까?
Môžete mi povedať, koľko je
뭐줴떼   미   뽀베다뜨   꼴꼬 예

presne hodín?
쁘레스녜   호진

1시 15분입니다.
Je štvrť na dve.
예 슈뜨으르뜨 나 드웨

1시 반입니다.
Je pol druhej.
예 뽈   드루헤이

1시 40분입니다.
Je jedna štyridsať.
예   예드나   슈띠리짜뜨

1시 45분입니다.
Tri štvrte na dve.
뜨리 슈뜨으르뜨 나 드웨

시간에 관한 표현

2시 5분전입니다.
O päť minút dve.
오 뻬뜨 미누뜨 드웨

2시입니다.
Dve hodiny.
드웨 호지니

2시 5분입니다.
Dve hodiny a päť minút.
드웨 호지니 아 뻬뜨 미누뜨

정각 5시입니다.
Je presne päť.
예 브레스녜 뻬뜨

7시가 되려는 참입니다.
Bude sedem hodín.
부데 쎄뎀 호진

몇 시에 만날까요?

몇 시에 만날까요?
O koľkej sa stretneme?
오 꼴께이 싸 스뜨레뜨녜메

오전 10시에
O desiatej doobeda.
오 데시아떼이 도오베다

3시는 어떨까요.
Môžeme o tretej?
뭐줴메 오 뜨레떼이

제가 언제 오면 좋을까요?
Kedy mám prísť?
께디 맘 쁘리이스뜨

죄송하지만, 5시 지나서 와 주십시오.
Prosím príďte po piatej.
쁘로심 쁘리치쩨 뽀 삐아떼이

죄송하지만, 2시간 지난 후에 와 주십시오.
Prosím príďte o dve hodiny.
쁘로심 쁘리치쩨 오 드웨 호지니

제레니 씨는 몇 시에 돌아옵니까?
O koľkej sa vráti pán Zelený?
오 꼴께이 싸 브라띠 빤 젤레니

아마 6시 경입니다.
Asi o šiestej.
아씨 오 쒸에스떼이

콘서트는 몇 시에 시작됩니까?
O koľkej začína koncert?
오 꼴께이 자치나 꼰쩨르뜨

7시 반입니다.
O pol ôsmej.
오 뽈 워쓰메이

시간에 관한 표현

이 가게는 몇 시까지 합니까?
Do kedy je otvorený tento obchod?
도 께디 예 오뜨보레니 뗀또 오브호뜨

이 가게는 몇 시부터 합니까?
Od kedy je otvorený tento obchod?
오트 께디 예 오뜨보레니 뗀또 오브호뜨

① 『몇 시에?』는 o ktorej hodine? [오 끄또레이 호지네]로, 『…시에』는 〈o+기수사〉이다. 구체적으로 다음과 같다. 「1시에」 o jednej [오 예드네이], 「2시에」 o druhej [오 드루헤이], 「3시에」 o tretej [오 뜨레떼이] 「4시에」 o štvrtej [오 슈뜨브르떼이], 「5시에」 o piatej [오 삐아떼이], 「1시 반」은 o pol druhej [오 뽈 드루헤이] 이다.

② 「오전의」 「오후의」 「저녁의」 「아침의」 「밤중의」라고 말하고 싶을 때는 시간 뒤에 각각 dopoludnia, doobeda [도뽈루드니아, 도오베다], popoludní, poobede [오뜨뽈레드네], večer [웨체르], ráno [라노], v noci [브노찌]를 붙인다. 24시간 방식으로 말할 수도 있다.

시간에 관한 표현

오늘은 무슨 요일입니까?

오늘은 무슨 요일 입니까?
Aký je dnes deň?
아끼 예 드네스 덴

내일은 무슨 요일 입니까?
Aký deň je zajtra?
아끼 덴 예 자이뜨라

내일은 월요일입니다.
Zajtra je pondelok.
자이뜨라 예 본떼로끄

목요일에 시간이 있습니까?
Máte čas vo štvrtok?
마떼 차스 워 슈뜨브르또끄

오늘은 무슨 축일(기념일)입니까?
Aký sviatok je dnes?
아끼 스비아또끄 예 드네스

오늘은 누구의 축일(명명)입니까?
Kto má dnes sviatok?
그도 마 드네스 스비아또끄

① 「오늘은 무슨 요일?」이라고 묻는 방법에는 두 가지가 있다.
② 「…요일에」라고 말하는 방법은 별표를 참조하기로 한다.
월요일 pondelok 본떼로끄
월요일에 v pondelok 프본떼로끄
화요일 utorok 우또로끄
화요일에 v utorok 프우또로끄
수요일 streda 스뜨레다
수요일에 v stredu 웨스레두
목요일 štvrtok 츠뜨브르또끄
목요일에 vo štvrtok 웨츠뜨브르또끄
금요일 piatok 삐아똑
금요일에 v piatok 프삐아똑
토요일 sobota 소보따
토요일에 v sobotu 프소보뚜
일요일 nedeľa 네뗄라

일요일에 v nedeľu 브네뗄루
축제일 sviatok 스비아또끄
축제일에 na sviatok/vo sviatok
　　　　　나스비아또끄/웨스비아또끄
휴일 voľný deň 월니 뎬
휴일에 cez voľný deň 쩨즈 월니 뎬
평일 všedný deň 프쉐드니 뎬
평일에 vo všedný deň/v pracovný deň
　　　　웨프쉐드니 뎬 쁘 라쪼브니 뎬
주말 víkend 위껜뜨
주말에 na víkend/cez víkend 나위껜뜨/쩨즈 위겐두
이번 주에 tento týždeň 뗀또 띠쥬뎬
다음 주에 budúci týždeň 부두찌 띠쥬뎬
지난 주에 minulý týždeň 미눌리 띠쥬뎬
이번 주 초에 začiatkom tohto týždňa
　　　　　자차뜨꼼 또흐또 띠쥬드냐
다음 주 중에 uprostred budúceho týždňa
　　　　　우쁘로스뜨레뜨 부두쩨호 띠쥬드냐
지난 주말에 koncom minulého týždňa
　　　　　꼰쫌 미눌레호 띠쥬드냐

시간에 관한 표현

오늘은 며칠 입니까?

오늘은 며칠입니까?
Koľkého je dnes?
　꼴께호　예　드네스

오늘은 10월 1일 입니다.
Dnes je prvého októbra.
　드네스　예　쁘르웨호　오끄또브라

언제 슬로바키아에 갑니까?
Koľkého pôjdete na Slovensko?
꼴께호 뿌어이데떼 나 슬로웬스꼬

8월 10일입니다.
Desiateho augusta.
데씨아떼호 아우구스따

당신 생일은 언제입니까?
Kedy máte narodeniny?
께디 마떼 나로데니니

내 생일은 2월 7일입니다.
Narodeniny mám siedmeho februára.
나로데니니 맘 씨에드메호 훼부루아라

당신은 몇 년에 태어나셨습니까?
V ktorom roku ste sa narodil(a)?
프 끄또롬 로꾸 스떼 싸 나로질(라)

1956년에 태어났습니다.
Narodil(a) som sa v roku tisícdeväťsto
나로질(라) 쏨 싸 브 로꾸 띠씨쯔데왜쯔스또

päťdesiat šesť.
빼드데씨아뜨 쉐스뜨

---

① 「…월 …일, …월…일에」라고 할 때는 만자 날짜가 온 다음 다음 달이 온다. 날짜는 순서 수사의 어미를 -ého로 하고 월은 「…월의」이라고 말하는 형(별표 참조)을 붙인다.

② 「며칠에?」라고 구체적으로 물을 때도 Koľkého/ktorého [꼴

께떼호/끄또레호]이지만, 보통은 kedy[께디]를 사용한다.
③ 「몇 년에?」라고 구체적으로 물을 때는 v ktorom roku? [프 끄또롬 로꾸], 「…년에」라고 말할 때는 v roku [브 로꾸] 라고 말한 다음에 기수사가 온다.
④ 특히 연대에서 1100이상은 tisíc [띠시쯔] 「천」을 사용하는 경우와 사용하지 않고 「몇십 몇백」이라고 말하는 경우가 있다. 예를 들어 1900은 tisíc deväťsto [띠시쯔 데왜뜨스또]이나 tisíc deväťsto [데와떼나스뜨 쎄뜨]가 된다.

단어정리

- 1월
  január
  야누아르

- 1월에
  v januári
  브 야누아리

- 2월
  február
  훼브루아르

- 2월에
  vo februári
  보훼브루아리

- 3월
  marec
  마레쯔

- 3월에
  v marci
  브 마르찌

- 4월
  apríl
  아쁘릴

- 4월에
  v apríli
  프 아쁘릴리

- 5월
  máj
  마이

- 5월에
  v máji
  브 마이

시간에 관한 표현

시간에 관한 표현

- 6월
  jún
  윤

- 7월
  júl
  율

- 8월
  august
  아우구스뜨

- 9월
  september
  쎔뗌베르

- 10월
  október
  옥또베르

- 11월
  november
  노웸베르

- 12월
  december
  데쎔베르

- 6월에
  v júni
  브 유니

- 7월에
  v júli
  브 율리

- 8월에
  v auguste
  프 아우구스떼

- 9월에
  v septembri
  프 쎔뗌브리

- 10월에
  v októbri
  브 옥또브리

- 11월에
  v novembri
  브 노웸브리

- 12월에
  v decembri
  브 데쎔브리

- 1월의
  januára
  야누아라

- 7월의
  júla
  율라

- 2월의
  februára
  훼브루아라

- 3월의
  marca
  마르짜

- 4월의
  apríla
  아브릴라

- 5월의
  mája
  마야

- 6월의
  júna
  유나

- 8월의
  augusta
  아우구스따

- 9월의
  septembra
  쎕뗌브라

- 10월의
  októbra
  옥또브라

- 11월의
  novembra
  노웸브라

- 12월의
  decembra
  데쎔브라

- 이번 달에
  tento mesiac
  뗀또 메씨아쯔

- 다음 달에
  budúci/nasledujúci mesiac
  부두찌   나슬레두유찌   메씨아쯔

- 지난 달에
  minulý mesiac
  미눌리   메씨아쯔

- 이번 달 초순에
  začiatkom tohto mesiaca
  자차뜨꼼   또호또   메씨아짜

- 다음 달 중순에
  uprostred budúceho/mesiaca
  우쁘로스뜨레뜨 부두찌띠호   메시아짜

  nasledujúceho mesiaca
  쁘르지슈띠호   메씨아짜

- 지난 달 말에
  koncom minulého mesiaca
  꼰쫌   미눌레호   메씨아짜

- 봄
  jar
  야르

- 봄에
  na jar
  나 야르

- 여름
  leto
  레또

- 여름에
  v lete
  브 레떼

- 가을
  jeseň
  예센

- 가을에
  na jeseň, v jeseni
  나 예쎈   브 쎄니

- 겨울
  zima
  지마

- 겨울에
  v zime
  브 지메

- 올해에
  v tomto roku, tento rok
  프 똠또 로꾸 뗀또 로끄

- 내년에
  v budúci rok
  브 부두찌 로끄

- 작년에
  minulý rok, vlani
  미눌리 로끄 블라니

- 올해 초에
  začiatkom tohto roka
  자치아꼼 또호또 로까

- 내년 중순에
  uprostred budúceho roka/
  우쁘로스뜨레뜨 부두쩨호 로까
  nasledujúceho roka
  나슬레두유쩨호 로까

- 지난해 말에
  koncom minulého roka
  꼰쫌 미눌레호 로까

- 올(작년) 봄에
  tento rok na jar
  뗀또 로끄 나 야르

- 올(작년) 여름에
  tento rok v lete
  뗀또 로끄 브 레떼

- 올(작년) 가을에
  tento rok v jeseni/na jeseň
  뗀또 로끄 브 예쎄니 나 예쎈

- 올(작년) 겨울에
  tento rok v zime
  뗀또 로끄 브 지메

시간에 관한 표현

- 20세기에
 v dvadsiatom storočí
 브 드와드씨아똠   스또로치

- 전쟁 중에
 počas vojny
 뽀차스 워이니

- 현대에 있어서
 v súčasnej dobe
 프 수차스네이   도베

- 부활절에
 Na Veľkú Noc
 나 벨꾸 노쯔

- 크리스마스에
 Na Vianoce
 나 위아노쩨

- 신년에
 na Nový rok
 나 노위 로끄

비소까따뜨라

4. 수·무게·온도 등에 관한 표현

몇 번째 입니까?

브라티슬라바에 온 것이 몇 번째 입니까?
Koľký raz ste v Bratislave?
꼴끼 라스 스떼 프 브라띠슬라웨

처음 입니다.
Prvý raz.
쁘르위 라스

2번째 입니다.
Druhý raz.
드루히 라스

나는 쥘리나에 처음 왔습니다.
Som prvý raz v Žiline.
쏨 쁘르위 라스 프 쥘리녜

당신은 몇 번 한국에 오셨습니까?
Koľkokrát ste boli v Kórei?
꼴꼬끄라뜨 스떼 볼리 프 꼬레이

1번입니다.
Iba raz.
이바 라즈

2번 입니다.
Dvakrát.
드와끄라뜨

어정리

- 1번
  raz
  라즈

- 2번
  dvakrát
  드와끄라뜨

- 3번
  trikrát
  뜨리끄라뜨

- 4번
  štyrikrát
  슈띠리끄라뜨

- 10번
  desaťkrát
  데싸뜨끄라뜨

- 몇 번인가
  niekoľkokrát
  니에꼴꼬끄라뜨

- 처음
  prvý krát
  쁘르위 끄라뜨

- 두번째
  druhý krát
  드루히 끄라뜨

- 세번째
  tretí krát
  뜨레찌 끄라뜨

- 네번째
  štvrtý krát
  슈뜨브르찌 끄라뜨

- 열번째
  desiaty krát
  데시아찌 끄라뜨

- 몇 번도
  mnohokrát/veľakrát
  므노호끄라뜨/ 웰랴끄라뜨

- 하루에 2회
  dvakrát denne, dvakrát za deň
  드와끄라뜨 덴네 드와끄라뜨 자 데뉘

- 1주일에 3회
  trikrát týždeňne, trikrát za týždeň/
  뜨리끄라뜨 띠주뎬네   뜨리끄라뜨 자 띠주덴
  do týždňa
  도 띠주드냐

- 1개월에 4회
  štyrikrát mesačne, štyrikrát za
  슈띠리끄라뜨 메싸추네   슈띠리끄라뜨 자
  mesiac/do mesiaca
  메시아쯔 도 메씨아짜

- 1년에 1회
  jedenkrát ročne, raz za rok
  예덴끄라뜨   로츠녜   라즈 자 로끄

- 다시 한 번
  ešte raz
  에슈떼 라즈

무게 및 온도

이것의 무게는 어느 정도 입니까?
Koľko to váži?
꼴꼬 또 와쥐

3킬로그램 입니다.
Tri kilá.
뜨리 낄라

꼬시쩨까지 몇 킬로입니까?
Koľko kilometrov je to do Košíc?
꼴꼬　　킬로메뜨로프　예　또　도　꼬쉬쯔

100킬로 미터입니다.
Sto kilometrov.
스또　킬로메뜨로프

당신의 키는?
Koľko meriate?
꼴꼬　메리아떼

당신의 몸무게는?
Koľko vážite?
꼴꼬　와쥐떼

몇 도입니까?
Koľko je stupňov?
꼴꼬　예　스뚜쁘뇨프

10도 입니다.
Je desať stupňov.
예　데싸뜨　스뚜쁘뇨프

영하 10도 입니다.
Je desať stupňov pod nulou.
예　데싸뜨　스뚜쁘뇨프　뽀뜨　눌로우

> ① 「몇 미터」는 koľko metrov [꼴꼬 메뜨로프] 「몇 그램?」은 koľko gramov [꼴꼬 그라모프] 「몇 리터?」는 koľko litrov? [꼴꼬 리뜨로프]이다.

② 「몇 개?」는 koľko kusov? [꼴꼬 꾸쏘프] 「몇 사람?」 koľko ľudí? [꼴꼬 루지]은 보통이다.

③ 그램으로 말할 때는 deka [데카] (=10그램)를 사용하는 경우가 많고, 100g은 desať deka [데싸뜨 데카] 200g은 dvadsať deka [드와데싸뜨 데카]로 된다.

단어정리

- 길이
  diaľka
  지알까

- 폭, 넓이
  šírka
  쉬르까

- 높이
  výška
  위슈까

- 깊이
  hĺbka
  흘르프까

- 두께
  hrúbka
  흐루프까

- 거리
  vzdialenosť
  브즈달레노스뜨

- 면적
  rozloha
  로즐로하

- 직경
  priemer
  쁘리에메르

- 반경
  polomer
  뽈로메르

- 원주
  obvod
  오브워뜨

- 신장
  výška
  위슈까

- 체중
  váha
  와하

- 미터
  meter
  메떼르

- 1미터
  jeden meter
  예덴 메떼르

- 1(3,4)미터
  dva tri, štyri metre
  드와 뜨리 슈띠지 메뜨레

- 5(6···)미터
  päť, šesť ··· metrov
  빼뜨, 쉐스뜨   메뜨로프

- 1.5미터
  meter a pol
  메떼르 아 뽈

- 2.5 미터
  dva metre a pol = dva a pol metra
  드와 메뜨레 아 뽈 = 드와 아 뽈 메뜨라

- 센티미터
  centimeter
  쎈띠메떼르

- 밀리미터
  milimeter
  밀리메떼르

- 킬로미터
  kilometer
  낄로메떼르

- 평방미터
  štvorcový meter
  슈뜨워르쪼비 메떼르

- 평방 킬로미터
  štvorcový kilometer
  슈뜨워르쪼비   낄로메떼르

- 헥타르
  hektár
  헥따르

- 무게, 중량
  váha, hmotnosť
  와하   흐모뜨노스뜨

- 용량
  kapacita
  까빠찌따

- 그램
  gram
  그람

- 1그램
  (jeden) gram
  예덴   그람

- 2 (3, 4)그램
  dva(tri, štyri) grami
  드와 뜨리 츠띠르지 그라미

- 5(6 …)그램
  päť, šesť …. gramov
  삐예뜨 쉐스뜨   그라모프

- 10그램
  deko, dekagram
  데까   데까그람

- 100그램
  desať deka
  데싸뜨   데카

- 250그램
  štvrť kila
  슈뜨브르뜨 낄라

- 500그램
  pol kila
  뽈 낄라

- 킬로그램
  kilo, kilogram
  낄로   낄로그람

- 1킬로그램
  (jedno) kilo
  예드노 낄로

- 2(3,4)킬로그램
  dva (tri, štyri) kilá
  드와 뜨리 슈띠리 낄라

- 5(6 …)킬로그램
  päť (šesť...) kíl
  빼뜨(쉐스뜨) 낄

- 톤
  tona
  또나

- 1톤
  jedna tona
  예드나 또나

- 2(3,4)톤
  dve(tri, štyri) tony
  드웨(뜨리, 슈띠리) 또니

- 5(6 …)톤
  päť(šesť...) ton
  빼뜨(쉐스뜨) 똔

- 리터
  liter
  리떼르

- 1리터
  (jeden) liter
  예덴   리떼르

- 2(3,4)리터
  dva(tri, štyri) litre
  드와 (뜨리, 슈띠리) 리뜨레

- 5(6)리터
  päť(šesť...) litrov
  빼뜨(쉐스뜨)   리뜨로프

- 온도 : 체온
  teplota, telesná teplota
  떼쁠로따   뗄레스나   떼쁠로따

- 도
  stupeň
  스뚜뻬뉘

- 1도
  jeden stupeň
  예덴   스뚜뻬뉘

- 2(3,4)도
  dva(tri, štyri) stupne
  드와 뜨르지 슈띠리   스뚜쁘녜

- 5(6 ···)도
  päť(šesť...) stupňov
  빼뜨 쉐스뜨   스뚜쁘노우

- 영상
  nad nulou/plus
  나드   눌로우   쁠루스

- 영하
  pod nulou/mínus
  뽀드   눌로우   미누스

- 섭씨
  Celzius
  쩰지우스

- 섭씨15도
  pätnásť stupňov Celzia
  빼뜨나스뜨   스뚜쁘뇨프   쩰지아

- 화씨
  Fahrenheit
  파흐렌헤이뜨

◐ 기수사

- 0
  nula
  눌라

- 1
  jeden, jedna, jedno
  예덴   예드나   예드노

- 2
  dva, dve
  드와   드웨

- 3
  tri
  뜨리

- 4
  štyri
  슈띠리

- 5
  päť
  빼뜨

- 6
  šesť
  쉐스뜨

- 7
  sedem
  쎄뎀

- 8
  osem
  오쎔

- 9
  deväť
  데웨뜨

- 10
  desať
  데싸뜨

- 11
  jedenásť
  예데나쓰뜨

- 12
  dvanásť
  드와나쓰뜨

- 13
  trinásť
  뜨리나쓰뜨

- 14
  štrnásť
  슈뜨르나쓰뜨

- 15
  pätnásť
  빼뜨나쓰뜨

- 16
  šestnásť
  쉐스뜨나쓰뜨

- 17
  sedemnásť
  쎄뎀나쓰뜨

- 18
  osemnásť
  오쎔나쓰뜨

- 19
  devätnásť
  데웨뜨나스뜨

- 20
  dvadsať
  드와드싸뜨

수 · 무게 · 온도 등에 관한 표현

- 21
  dvadsať jeden
  드와드싸뜨 예덴

- 22
  dvadsať dva
  드와드싸뜨 드와

- 30
  tridsať
  뜨리드싸뜨

- 40
  štyridsať
  슈띠리드싸뜨

- 50
  päťdesiat
  빼뜨데씨아뜨

- 60
  šesťdesiat
  쉐스뜨데씨아뜨

- 70
  sedemdesiat
  쎄뎀데씨아뜨

- 80
  osemdesiat
  오쎔데씨아뜨

- 90
  deväťdesiat
  데왜뜨데씨아뜨

- 100
  sto
  스또

- 101
  sto jeden
  스또 예덴

- 110
  sto desať
  스또 데싸뜨

- 111
  sto jedenásť
  스또 예데나스뜨

- 200
  dvesto
  드웨스또

- 300
  tristo
  뜨리스또

- 400
  štyristo
  슈띠리스또

- 500
  päťsto
  빼뜨스또

- 700
  sedemsto
  쎄뎀스또

- 800
  osemsto
  오 쎔스또

- 900
  deväťsto
  데왜뜨스또

- 1000
  tisíc
  띠씨쯔

- 1001
  tisíc jeden
  띠씨쯔 예덴

- 2000
  dvetisíc
  드웨띠씨쯔

- 3000
  tritisíc
  뜨리띠씨쯔

- 4000
  štyritisíc
  슈띠리띠씨쯔

- 5000
  päťtisíc
  빼뜨띠씨쯔

- 6000
  šesťtisíc
  쉐스뜨띠씨쯔

- 10000
  desať tisíc
  데싸뜨띠씨쯔

- 10만
  stotisíc
  스또띠씨쯔

- 100만
  milión
  밀리온

● 순서수사

- 제1의
  prvý
  쁘르위

- 제2의
  druhý
  드루히

- 제3의
  tretí
  뜨레찌

- 제4의
  štvrtý
  슈뜨브르띠

- 제5의
  piaty
  삐아띠

- 제6의
  šiesty
  쉬에스띠

- 제7의
  siedmi
  씨에드미

- 제8의
  ôsmi
  우어쓰미

- 제9의
  deviaty
  데위아띠

- 제10의
  desiaty
  데씨아띠

- 제11의
  jedenásty
  예데나스띠

- 제12의
  dvanásty
  드와나스띠

- 제13의
  trinásty
  뜨리나스띠

- 제14의
  štrnásty
  슈뜨르나스띠

- 제15의
  pätnásty
  빼뜨나스띠

- 제16의
  šestnásty
  쉐스뜨나스띠

- 제17의
  sedemnásty
  쎄뎀나스띠

- 제18의
  osemnásty
  오쎔나스띠

- 제19의
  devätnásty
  데왜뜨나스띠

- 제21의
  dvadsiaty prvý
  드와드시아띠 쁘르위

- 제30의
  tridsiaty
  뜨리드시아띠

- 제40의
  štyridsiaty
  슈띠리드시아띠

- 제50의
  päťdesiaty
  빼뜨데시아띠

- 제60의
  šesťdesiaty
  쉐스뜨데시아띠

- 제70의
  sedemdesiaty
  쎄뎀데시아띠

- 제80의
  osemdesiaty
  오쎔데시아띠

- 제90의
  deväťdesiaty
  데왜쯔데시아띠

- 제100의
  stý
  스띠

- 제101의
  sto prvý
  스또 브르위

- 제1000의
  tisíci
  띠씨찌

- 제1만의
  desaťtisíci
  데싸뜨띠시찌

- 제100만의
  miliónty
  밀리온띠

● 수명사

- 0
  nula
  눌라

- 1
  jednotka
  예드노뜨까

- 2
  dvojka
  드워이까

- 3
  trojka
  뜨로이까

- 4
  štvorka
  슈뜨보르까

- 5
  päťka
  빼뜨까

- 6
  ### šestka
  쉐스뜨까

- 7
  ### sedmička
  쎄드미츄까

- 8
  ### osmička
  오쓰미츄까

- 10
  ### desiatka
  데씨아뜨까

- 11
  ### jedenástka
  예데나스뜨까

- 12
  ### dvanástka
  드와나스뜨까

- 15
  ### pätnástka
  빼뜨나스뜨까

- 20
  ### dvadsiatka
  드와드씨아뜨까

- 21
  ### dvadsať jednotka
  드와드싸뜨   에드노뜨까

- 30
  ### tridsiatka
  뜨리드시아뜨까

- 100
  ### stovka
  스또우까

♣ 수명사는 전차, 버스 번호, 성적, 맥주의 도수(10도, 12도)나 포도주 병의 크기 등에 사용한다.

◐ 종류수사

- 1
  ### jedny
  예드니

- 2
  dvoje, dvojaké, obe, obidvoje
  드워이에   드워이아께   오베   오비드보이에

- 3
  trojo, trojaké
  뜨로이오   뜨로이아께

- 4
  štvoro, štvoraké
  슈뜨보로   슈뜨보라께

- 5
  pätoro, pätoraké
  빼또로   빼또라께

♣ 종류명사는 「종류의~」라고 말할 때, 또는 1개로 복수형을 나타내는 명사(「안경」) okuliare [오꾸리아레], 「바지」 nohavice [나호위쩨] 등)의 수를 셀 때 등에 사용한다.

◐ 분수 · 수사

- 1/2
  jedna polovica, pol, polka
  예드나   뽈로위짜   뽈   뽈까

- 1/3
  tretina
  뜨레찌나

- 2/3
  ### dve tretiny
  드웨   뜨레쩨니

- 1/4
  ### jedna štvrtina, štvrť, štvrtka
  예드나   슈뜨브르찌나 슈뜨브르뜨 슈뜨브르뜨까

- 3/4
  ### tri štvrtiny
  뜨리 슈뜨브르찌니

- 1/5
  ### jedna pätina
  예드나   빼띠나

- 1/6
  ### jedna šestina
  예드나   쉐스찌나

- 1/7
  ### jedna sedmina
  예드나   쎄드미나

- 1/8
  ### jedna osmina
  예드나   오쓰미나

- 5/8
  ### päť osmín
  빼뜨   오스민

- 1/9
  ### jedna devätina
  예드나   데왜찌나

- 1/10
  jedna desatina
  예드나   데싸찌나

- 1/20
  jedna dvadsatina
  예드나   드와드싸찌나

- 1/100
  jedna stotina
  예드나   스또찌나

- 0.1
  nula celá jedna
  눌라   쩰라   예드나

- 0.01
  nula celá nula jedna
  눌라   쩰라   눌라   예드나

- 1.2
  jedna celá dve
  예드나   쩰라   드웨

- 3.35
  tri celé tridsať päť stotín
  뜨리 쩰레 뜨리드싸뜨 빼뜨 스또찐

◐ 계산

- 2+3=5
  dva plus tri je päť
  드와 쁠루스 뜨리 예 빼뜨

- 4−2=2

  štyri mínus dva je dva

  슈띠리 미누스 드와 예 드와

- 6×7=42

  šesť krát sedem je štyridsať dva

  쉐스뜨 끄라뜨 쎄뎀 예 슈띠리드싸뜨 드와

- 10 / 2=5

  desať deleno dvoma je päť

  데싸뜨 뗄레노 드보마 예 빼뜨

◐ 수량을 나타내는 말

- 모두(남성.생물)

  všetci

  프쉐뜨지

- 모두(여성.물체)

  všetky

  프쉐뜨끼

- 전부의

  všetko

  프쉐뜨꼬

- 반

  pol, polka

  뽈   뽈까

- 짝 : 벌 : 쌍

  pár

  빠르

- 2대 : 2조
  dva páry
  드와　빠리

- 5대 : 5조
  päť párov
  빼뜨　빠로프

- 다스
  tucet
  뚜쩨뜨

- 반다스
  pol tucta
  뽈　뚜쯔따

- 2다스
  dva tucty
  드와　뚜쯔띠

- 많이
  mnoho, veľmi, veľa
  므노호　웰미　벨랴

- 적게
  málo, trochu
  말로　뜨로후

- 너무 많이
  príliš mnoho veľa
  쁘르질리쉬　므노호　벨랴

- 너무 적게
  príliš málo
  쁘리리슈　말로

수·무게·온도 등에 관한 표현

- 보다 많게
  viacej
  위아쩨이

- 보다 적게
  menej
  메네이

- 약
  asi, okolo
  아씨 오꼴로

- 꼭(마치)
  presne, akurát
  쁘레쓰녜   아꾸라뜨

- 상당히 : 충분히
  dosť
  도스뜨

- 얼마나
  niekoľko
  니에꼴꼬

- 그만큼 : 그렇게 많이
  toľko
  똘꼬

수 · 무게 · 온도 등에 관한 표현

C. 주제별 슬로바키아어 회화

1. 출입국 · 세관
2. 여행
3. 비행기
4. 철도
5. 자동차
6. 배
7. 시외버스
8. 호텔
9. 시내 교통 · 관광
10. 물건 사기
11. 식사
12. 통신
13. 인간 관계
14. 민족, 정치, 종교
~ 26. 자연

1. 출입국·세관

출입국 검사

패스포트를 보여 주세요.
Váš pas, prosím.
와스 빠스 쁘로씸

당신은 관광객입니까?
Ste turista?
스떼 뚜리스따

예, 나는 한국에서 온 관광객입니다.
Áno. Som turista z Južnej Kórey.
아노 쏨 뚜리스따 즈 유주네이 꼬레이

아니오, 일 때문에 왔습니다.
Nie. Som na služobnej ceste.
니에 쏨 나 슬루조브네이 쩨스떼

나는 공부하러 여기 왔습니다.
Študujem tu.
슈뚜두옘 뚜

세관

당신의 수화물은 어느 것 입니까?
Ktorá batožina je vaša?
끄또라 바또쥐나 예 와샤

이 슈트케이스와 핸드백 2개 입니다.
Tento kufor a tieto dve kabelky.
뗀또 꾸포르 아 띠에또 드웨 까벨리

슈트케이스를 열어 주시오.
Otvorte tento kufor.
오뜨보르떼 뗀또 꾸포르

신고할 것이 있습니까?
Máte niečo na preclenie?
마떼 니에초 나 쁘레쯜레니에

아니오, 없습니다.
Nie, nič.
니에 니츠

신고할 것은 없습니다.
Nemám nič na preclenie.
네맘 니츠 나 쁘레쯜레니에

내 개인 용품입니다.
Mám len osobné veci.
맘 렌 오소브네 웨찌

출입국·세관

환전

환전소는 어디 입니까?
Kde je zmenáreň?
그데 예 즈메나레뉘

공항, 역, 호텔, 은행에 있습니다.
Je na letisku, stanici, v hoteli, v banke.
예 나 레띠스꾸 스따니찌 프 호뗄리 프 방께

환전하고 싶습니다.
Chcel(a) by som si vymeniť peniaze.
흐쩰(라) 비 쏨 씨 위메니뜨 뻬니아제

달러를 코루나로 환전하고 싶습니다.
Chcel(a) by som zameniť doláre
흐쩰(라) 비 쏨 자메니뜨 돌라레
za koruny.
자 꼬루니

출입국 · 세관

2. 여행

일반여행

언제 여행을 떠납니까?
Kedy budete cestovať?
께디 부데떼 쩨스또와트

어디로 갑니까?
Kam pôjdete?
깜 뿌어이데떼

외국으로 갑니다.
Pôjdem do cudziny.
뿌어이뎀 도 쭈드지니

당신의 여행 목적은 무엇입니까?
Aký je cieľ vašej cesty?
아끼 예 찌엘 와쉐이 쩨스띠

나는 일 때문에 갑니다.
Pôjdem na služobnú cestu.
뿌어이뎀 나 슬루조브누 쩨스뚜

나는 휴가 갑니다.
Pôjdem na dovolenku.
뿌어이뎀 나 도월렌꾸

무엇을 타고 가십니까?
Čím pôjdete?
침 뿌어이데떼

비행기로 갑니다.
Poletím lietadlom.
뽈레찜 리에따들롬

언제 돌아옵니까?
Kedy sa vrátite?
께디 싸 브라찌떼

여행은 어땠습니까?
Aká bola cesta?
아까 볼자 쩨스따

정말 즐거웠습니다.
Bolo to veľmi dobré.
볼로 또 웰미 도브레

좋은 여행 되세요.
Šťastnú cestu!
슈짜스뜨누 쩨스뚜

나는 여행을 취소합니다.
Zruším cestu.
즈루쉼 쩨스뚜

3. 비행기

표 · 수화물

비행기표 예약은 어디에서 합니까?
Kde si môžem rezervovať letenku?
그데 씨 무어젬 레제르워와쯔 레뗀꾸

서울까지 항공권은 어디에서 살수 있습니까?
Kde si môžem kúpiť letenku do Soulu?
그데 씨 무어젬 꾸삐뜨 레뗀꾸 도 소울루

항공권 예약을 할 수 있습니까?
Môžete mi rezervovať letenku?
무어줴떼 미 레제르워와뜨 레뗀구

런던까지 항공권은 얼마입니까?
Koľko stojí letenka do Londýna?
꼴꼬 스또이 레뗀까 도 론디나

수화물은 어느 정도까지 소지할 수 있습니까?
Akú ťažkú batožinu si môžem zobrať do lietadla?
아꾸 따슈꾸 바또쥐누 씨 무어젬 조브라뜨 도 리에따들라

비행기

비행기 예약을 취소하고 싶습니다.
Chcel(a) by som zrušiť tento let.
흐쩰(라)   비   쏨   즈루쉬뜨   뗀또   레뜨

예약을 변경하고 싶습니다.
Chcel(a) by som zmeniť rezerváciu.
흐쩰(라)   비   쏨   즈메니뜨   레제르와찌우

비행기 예약을 확인하고 싶습니다.
Chcel(a) by som znovu potvrdiť tento let.
흐쩰(라)   비   쏨   즈노부   뽀뜨브르디뜨   뗀또   레뜨

탑승 수속. 발착. 소요시간

비행장(공항)까지 어떻게 가면 좋습니까?
Ako sa dostanem na letisko?
아꼬   싸   도스따넴   나   레찌스꼬

이 버스는 비행장에 갑니까?
Ide tento autobus na letisko?
이데   뗀또   아우또부스   나   레찌스꼬

파리 행 비행기는 몇 시에 출발 합니까?
Kedy odlieta lietadlo do Paríža?
께디   오드리에따   리에따들로   도   빠리좌

프랑크푸르트 발 비행기는 몇 시에 도착합니까?
Kedy prilieta lietadlo z Frankfurtu?
께디   쁘리리에따   리에따들로   스   프란끄푸루뚜

얼마나 늦어지고 있습니까?
Aké veľké má meškanie?
아께 웰게 마 메슈까니에

기내

내 좌석은 어디입니까?
Kde je moje miesto?
그데 예 모예 미에스또

승객 여러분, 조금 있으면 이륙합니다.
Vážení cestujúci, čoskoro budeme
와줴니 쩨스뚜유찌 초스꼬로 부데메
štartovať.
슈따르또와뜨

프라하와 모스크바의 시차는 어느 정도 입니까?
Aký je časový posun medzi Prahou
아끼 예 차쏘위 뽀순 메드지 쁘라호우
a Moskvou?
아 모스끄워우

2시간 입니다.
Dve hodiny.
드웨 호지니

기분은 어떻습니까?
Ako sa cítite?
아꼬 싸 찌띠떼

비행기

고맙습니다, 쾌적합니다.
Ďakujem, dobre.
갸꾸엠   도브레

기분이 나쁩니다. 무엇인가 약을 주시지 않겠습니까?
Je mi nevoľno.
예   미   네월노
Môžete mi dať nejaký liek?
뭐줴떼   미 다뜨   네야끼   리에끄

한기가 납니다.
Je mi zima.
예   미   지마

모포를 빌려주시겠습니까?
Dajte mi deku, prosím.
다이떼   미   데꾸   쁘로씸

베게를 빌려주시겠습니까?
Dajte mi vankúš, prosím?
다이떼   미   반꾸슈   쁘로씸

물을 한 컵 부탁합니다.
Dajte mi pohár vody, prosím.
다이떼   미   뽀하르   워디   쁘로씸

화물 인수

화물은 어디서 인수합니까?
Kde dostanem batožinu?
그데   도스따넴   바또쥐누

화물이 보이지 않습니다.
Nenašl(a) som svoju batožinu.
네나슐(라)   쏨   스워이유   바또쥐누

여기 화물표가 이것입니다.
Tu je batožinový lístok.
뚜 예   바또쥐노위   리스또끄

> 브라티슬라바 국제 및 국내공항은 브라티슬라바에서 서남쪽 약 50km 떨어진 슈웨하뜨(Schwechat)에 있다. 버스가 있고 합승택시 또는 일반 택시로 40분 정도 걸린다.

레보차 제단(조각가 빠볼) - 고딕양식의 조각

4. 철도

표 · 수화물

표는 어디에서 팔고 있습니까?
Kde sa predávajú cestovné lístky?
그데 싸 쁘레다와이유 쩨스또브네 리스뜨끼

꼬시쩨까지 1등석 1장 주십시오.
Košice, jeden lístok do prvej triedy,
꼬시쩨 예덴 리스또끄 도 쁘르웨이 뜨리에디
prosím.
쁘로씸

쥘리니까지 급행으로 1등석 1장 주십시오.
Prosím, jeden lístok prvej triedy na
쁘로씸 예덴 리스또끄 쁘르웨이 뜨리에디 나
rýchlik do Žiliny.
리흘리끄 도 쥘리니

흡연석입니까, 금연석 입니까?
Fajčiar alebo nefajčiar?
화이추아르 아레보 네화이취아르

금연석을 부탁합니다.
Nefajčiar, prosím.
네화이취아르 쁘로씸

1등입니까, 2등 입니까?
Prvá alebo druhá trieda?
쁘르와 아레보 드루하 뜨리에다

이 차표를 취소할 수 있습니까?
Môžem vrátiť tento lístok?
무어쥄 브라찌뜨 뗀또 리스또끄

수화물 맡기는 곳은 어디 입니까?
Kde je batožinová úschovňa?
그데 예 바또쥐노와 우스호브냐

내일까지 슈트케이스 2개를 맡기겠습니다.
Nechám si tu do zajtra dva kufre.
네함 씨 뚜 도 자이뜨라 드와 꾸프레

1개에 얼마입니까?
Koľko sa platí za kus?
꼴꼬 싸 쁠라찌 자 꾸스

몇 시까지 엽니까?
Do koľkej je otvorené?
도 꼴께이 예 오뜨보레네

아니오, 괜찮습니다.

빈 행 열차는 어느 역에서 출발합니까?
Z ktorého nástupišta idú vlaky do Viedne?
스 끄또레호 나스뚜삐슈따 이두 블라끼 도 위에드녜

열차 시간표는 어디에 있습니까?
Kde je cestovný poriadok?
그데 예 쩨스또브니 포리아도끄

브라티슬라바행 열차는 몇 시에 출발합니까?
O koľkej odchádza vlak do Bratislavy?
오 꼴께이 오드하드자 블라끄 도 브라찌슬라위

뮌헨 열차는 몇 시에 도착 합니까?
O koľkej prichádza vlak z Mníchova?
오 꼴께이 쁘리하드자 블라끄 즈 므니호와

뮌헨까지 갈아 타지 않고 갈 수 있습니까?
Ide ten vlak priamo do Mníchova?
이데 뗀 블라끄 쁘리아모 도 므니호와

어디에서 갈아탑니까?
Kde mám prestúpiť?
그데 맘 쁘레스뚜삐뜨

다음 열차는 언제 갑니까?
Kedy ide nasledujúci/ďalší vlak?
께디 이데 나쓸레두유찌 달쉬 블라끄

차안

미안하지만, 이 좌석은 비어 있습니까?
Prepáčte, je tu voľno?
쁘레빠추떼 예 뚜 월노

예, 비어 있습니다.
Prosím.
브로씸

아니오, 손님이 있습니다.
Nie. Je obsadené.
니에 예 오부싸데네

여기는 나의 좌석이라고 생각합니다만.
Myslím, že tu je moje miesto.
미슬림 줴 뚜 예 모예 미에스또

여기는 흡연 좌석 입니까?
Tu sú fajčiari?
뚜 쑤 화이취아리

아니오, 금연석 입니다.
Nie, tu sú nefajčiari.
니에 뚜 쑤 네화이취아리

이 열차에는 식당차가 있습니까?
Je v tomto vlaku jedálenský vozeň?
예 프 똠또 블라꾸 예달렌스끼 워제뉴

식당차는 어디 입니까?
Kde je jedálenský vozeň?
그네 예 예달렌스끼 워젠뉴

앞쪽의 2호 차입니다.
Môžem zhasnúť?
무어젬 즈하스누뜨

철도

차표를 보겠습니다.
Vaše cestovné lístky, prosím.
바쉐   쩨스또브네   리스뜨끼   쁘로씸

어디로 가십니까?
Kam cestujete?
깜   쩨스뚜이에떼

다음 역은 어디 입니가?
Ktorá je nasledujúca stanica/zastávka?
끄또라 예   나스레두유짜   스따니짜/   자스따우까

이 역은 무엇이라고 하는 역입니까?
Ako sa volá táto stanica?
아꼬 싸   월라   따또   스따니짜

차표를 분실했습니다.
Stratil(a) som cestovný lístok.
스뜨라찔(라)   쏨   쩨스또브니   리스또끄

열차 속에 가방을 잊고 내렸습니다.
Zabudol(a) som kufrík vo vlaku.
자부돌(라)   쏨   꾸프리끄   워   브라꾸

철도

도시 사이의 이동은 물론 철도가 편리하지만 비교적 가까운 곳은 시외 장거리 버스쪽이 시간이 정확하다. 장거리 버스는 전 좌석이 지정이므로, 미리 표를 사 두는 쪽이 확실하다. 자리가 비어 있으면 예약이 없이도 탈 수 있는데 그 경우는 버스 속에서 표를 산다.

브라티슬라바에는 철도 역이 몇게 있는데 주요한 것은 「중앙역 Hlavná stanica」, 「브라티슬라와-라차 Bratislava-Rača」이 있다. 국제 열차는 주로 중앙역에서 국내선은 「라마츠 Bratislava-Lamač」, 「데빈 Bratislava-Devín」역이 많은데 일단 승차 역을 확인하는 것이 좋다. 차표는 역에서 사지만 국영여행사 「체도크」와 기타 여행사에서도 취급하고 있다. 역의 경우 승차권 매장과 지정석 매장이 따로 있는 경우가 있다. 승차권을 보이지 않으면 지정권을 살 수 없는 경우도 있다. 또, 침대차의 경우 보통 모르는 남·녀가 같이 되지 않게끔 남성과 여성으로 나누고 있다.

슈뜨르(슬로바키아어 창시자, 19세기)

5. 자동차

운전

당신은 자동차를 운전할 수 있습니까?
Viete jazdiť?
비에떼 야즈디뜨

예, 할 수 있습니다.
Áno, viem.
아노 위엠

유감스럽게도 할 수 없습니다.
Bohužial, neviem.
보후쥐알 네위엠

얼마나 운전을 했습니까?
Ako dlho jazdíte?
아꼬 들호 야즈디떼

10년 됩니다.
Jazdím už desať rokov.
야즈짐 우쉬 데싸뜨 로코우

작년에 운전면허를 땄습니다.
Minulý rok som dostal vodičský preukaz.
미눌리 로끄 쏨 도스딸 보디추스끼 쁘레우까즈

당신은 운전이 능숙합니까?
Jazdíte veľmi dobre?
야즈디떼 웰미 도브레

여기는 어디입니까?
Kde teraz sme?
그데 떼라즈 스메

지도에 표시해 주시겠습니까?
Môžete mi to ukázať na mape?
무어줴떼 미 또 우까자뜨 나 마뻬

가까이에 모텔이 있습니까?
Je tu niekde blízko motel?
예 뚜 니에그데 블리스꼬 모뗄

여기에 주차를 할 수 있습니까?
Môže sa tu parkovať?
무어줴 싸 뚜 빠르꼬와뜨

여기는 주차 금지입니다.
Tu je parkovanie zakázané.
뚜 예 빠르꼬와니에 자까자노

주차장은 어디입니까?
Kde je parkovisko?
그데 예 빠르꼬위스꼬

자동차

급유 · 수리

휘발유가 떨어졌습니다.
Došiel mi benzín.
도쉬엘 미 벤진

벌써 휘발유가 조금 밖에 없습니다.
Mám už málo benzínu.
맘 우쉬 말로 벤지누

제일 가까운 주유소는 어디에 있습니까?
Kde je najbližšia benzínová pumpa?
그데 예 나이블리주쉬아 벤지노와 뿜빠

일반 휘발유를 채워 주시오.
Dajte mi plnú nádrž normálu.
다이떼 미 쁠누 나드르쉬 노르말루

슈퍼 휘발유를 10리터 주십시오.
Dajte mi desať litrov supra.
다이떼 미 데싸뜨 리뜨로우 수쁘라

오일 점검을 해 주십시오.
Skontrolujte stav oleja.
스꼰뜨롤루이떼 스따우 올레야

배터리를 충전해 주십시오.
Nabite batériu.
나비떼 바떼리우

라디에이터에 물을 넣어 주시오.
Dajte mi vodu do chladiča.
다이떼 미 워두 도 흘라지차

세차해 주시오.
Umyte mi auto.
우미이쩨 미 아우또

차가 고장났습니다.
Mám poruchu.
맘 보루후

자동차

내 차를 정비소까지 끌어 주시겠습니까?
Môžete ma odtiahnuť do autoservisu?
무어췌떼 마 오드찌아흐누뜨 도 아우또세르위수

타이어가 펑크났습니다.
Dostal som defekt.
도스딸 쏨 데훼끄뜨

엔진이 걸리지 않습니다.
Nechytá mi motor.
네히따 미 모또르

차를 점검해 주시겠습니까?
Môžete prehliadnuť celé auto?
무어췌떼 쁘레흘리아드누뜨 쩰레 아우또

언제 다 됩니까?
Kedy to bude hotové?
께디 또 부데 호또웨

위반·사고

당신은 속도 위반을 하셨습니다.
Jazdil(i) ste nedovolenou rýchlosťou.
야즈딜(리)　쓰떼　네도월레노우　리홀로스또우

패스포트와 운전 면허증을 보여 주십시오.
Váš pas a vodičský preukaz, prosím.
와스　빠스　아　보디추스끼　쁘레우까스　쁘로씸

부상자가 있습니다. 구급차를 불러 주십시오.
Je tu ranený. Zavolajte prosím sanitku.
예　뚜　라녜니　자월라이떼　쁘로씸　싸니뜨꾸

경찰을 부릅시다.
Zavolajme políciu.
자월라이메　뽈리찌우

그가 사고를 냈습니다.
Mal nehodu.
말　네호두

어디에서 자동차 보험을 취급하고 있습니까?
Kde sa vybavuje havárijné poistenie?
그데　싸　위바우이에　하와리이네　뽀이스떼니에

나는 손해를 봤습니다.
보험금을 청구하고 싶습니다만.
Som poškodený(ná).　쏨 뽀슈꼬데니(나)
Chcem požiadať o náhradu.
흐쩸　뽀쥐아다뜨　오　나흐라두

자동차

렌터카

자동차를 빌리고 싶습니다.
Chcel(a) by som si prenajať auto.
흐쩰(라) 비 쏨 씨 쁘레나이아뜨 아우또

어떤 차종이 있습니까?
Aké druhy áut máte?
아께 드루히 아우뜨 마떼

이 차를 일주일간 빌리고 싶습니다.
Požičiam si toto auto na týždeň.
뽀쥐취암 씨 또또 아우또 나 띠주데뉘

하루에 얼마입니까?
Koľko stojí prenájom na deň?
꼴꼬 스또이 쁘레나이옴 나 데뉘

어디서든지 차를 돌려 줄 수 있습니까?
Môžem auto nechať stáť kdekoľvek?
무어쥄 아우또 네하뜨 스따뜨 그데꼴웨끄

사고의 경우 어디로 연락하면 좋습니까?
Kam mám zavolať,
깜 맘 자월라뜨
keby som mal(a) nehodu?
께디 쏨 말(라) 네호두

6. 배

배

슈쩨호비쩨행 배는 언제 떠납니까?
Kedy odchádza parník do Štěchovic?
께디   오드하드자   빠르니끄   도 슈떼호위쯔

빈행 배는 어디서 출발합니까?
Odkiaľ odchádza loď do Viedne?
오뜨끼알   오뜨하드자   로찌 도   위에드네

몇 번 부두에서 떠납니까?
Z ktorého móla odchádza?
스   끄또레호   몰라   오드하드자

덱체어를 빌리고 싶습니다만.
Chcel(a) by som si požičať lehátko.
흐쩰(라)   비   쏨   씨   뽀쥐촤뜨   레하뜨꼬

당신은 배멀미를 합니까?
Trpíte morskou chorobou?
뜨르삐떼   모르스꼬우   호로보우

나는 배멀미 합니다.
Mám morskú chorobu.
맘   모르스꾸   호로부

7. 시외버스

시외 버스 터미널은 어디에 있습니까?
Kde je autobusová stanica?
그데 예   아우또부소와   스따니짜

시외 버스 터미널은 바이깔스께이역에 있습니다.
Autobusová stanica je na Bajkalskej.
아우또부소와   스따니짜 예 나   바이깔스께이

차표는 어디서 살 수 있습니까?
Kde sa kupuje lístok?
그데 싸   꾸뿌이에   리스또끄

터미널의 차표 매표소나 버스 안에서 살 수 있습니다.
Kupuje sa pri pokladni na
꾸뿌이에 싸 쁘리 뽀끄라드니 나
autobusovej stanici alebo v autobuse?
아우또부소웨이   스따니찌   아레보 브   아우또부쎄

내일 9시 40분의 브르노행 1장 주십시오.
Jeden lístok s miestenkou do
예덴   리스또끄 스   미스뗀꼬우   도
Brna 9:40 (deväť:štyridsať) zajtra.
브르나   데왜뜨   슈띠리싸뜨   자이뜨라

브르노까지 부탁합니다.
Brno, prosím.
브르노 쁘로씸

이 화물 수수료를 지불합니까?
Budem platiť za túto batožinu?
부뎀 쁠라찌뜨 자 뚜또 바또쥐누

시외버스

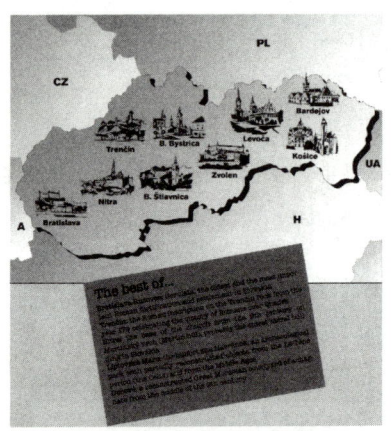

슬로바키아 역사적 유적 도시들

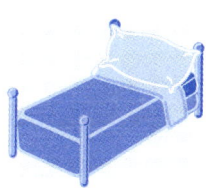

8. 호텔

호텔 안내

좋은 호텔을 소개해 주십시오.
Môžete mi odporučiť nejaký dobrý hotel?
무어줴떼   미   오뜨뽀루취뜨   네야끼   도브리   호뗄

어떤 호텔을 원합니까?
Aký hotel si prajete?
아끼   호뗄   씨   쁘라이예떼

시내 중심에 있는 호텔이 좋습니다.
Chcel(a) by som hotel niekde
흐쩰(라)   비   쏨   호뗄   니에그데
v centre mesta.
프   쩬뜨레   메스따

숙박비가 싼 호텔이 좋습니다.
Chcel(a) by som lacný hotel.
흐쩰(라)   비   쏨   라쯔니   호뗄

그 호텔에는 빈 방이 있습니까?
Sú v tomto hoteli voľné izby?
쑤   프   똠또   호뗄리   월네   이즈비

싱글은 하루에 얼마입니까?
Koľko stojí jednolôžková izba na jeden deň?
꼴꼬 스또이 예드노루어쉬꼬와 이즈바 나 예덴 데뉘

싱글 방 1개를 예약해 주시겠습니까?
Môžete mi rezervovať jednu jednolôžkovú izbu?
무어줴떼 미 레제르워와뜨 예드누 예드노루어쉬꼬위 이즈부

유감이지만, 모든 호텔이 다 찼습니다.
Ľutujem všetky hotele sú obsadené.
루뚜이엠 프쉐뜨끼 호뗄래 수 오프싸데네

브라티슬라바에는 유스호스텔이 있습니까?
Je v Bratislave nocláhareň pre mládež?
예 프 브라찌슬라웨 노쯜라하레뉘 쁘레 믈라데쉬

프론트

빈 방이 있습니까?
Máte voľnú izbu?
마떼 월누 이즈부

싱글 방 1개를 부탁하고 싶습니다.
Chcel(a) by som jednu jednolôžkovú izbu.
흐쩰(라) 비 쏨 예드누 예드노루어쉬꼬위 이즈부

욕실이 붙은 방으로 하고 싶습니다.
Chcel(a) by som izbu s kúpelňou.
흐쩰(라) 비 쏨 이즈부 스 꾸뺄뇨우

얼마나 오랫동안 숙박할 예정입니까?
Na ako dlho sa ubytujete?
나 아꼬 들호 싸 우비뚜이에떼

2일 입니다.
Na dva dni.
나 드와 드니

1주일간 입니다.
Na týždeň.
나 띠주데뉘

숙박료는 얼마입니까?
Koľko stojí izba?
꼴리꼬 스또이 이즈바

서비스료와 다른 것도 포함됩니까?
Je to vrátane obsluhy a všetkých
예 또 브라따네 오프슬루히 아 프셰트끼흐
príplatkov?
쁘리쁠라뜨꼬우

아침 식사 포함입니까?
Je to s raňajkami?
예 또 스 라냐이까미

호텔

더 싼 방은 없습니까?
Nemáte lacnejšiu izbu?
네마떼   라쯔네이쉬우   이즈부

그 방은 욕실이 붙은 것입니까?
Je to s kúpelňou?
예 또 스   꼬뻴뇨우

아니오, 샤워기만 있습니다.
Nie, iba so sprchou.
니에   이바 쏘   스쁘르호우

방을 보여 주시겠습니까?
Môžem sa na tú izbu pozrieť?
무어쥅   싸   나   뚜   이즈부   뽀즈리에뜨

지금 곧 방에 들어갈 수 있습니까?
Môžem ísť do izby hneď teraz?
무어쥅   이스뜨   도   이즈비   흐네뜨   떼라즈

귀중품을 맡길 수 있습니까?
Môžete mi uschovať cenné veci?
무어줴떼   미   우스호와뜨   쩬네   웨찌

패스포트를 주세요.
Váš pas, prosím.
와쉬   빠스   쁘로씸

언제 패스포트를 돌려 줍니까?
Kedy mi vrátite pas?
께디   미   브라찌떼   빠스

패스포트는 내일 아침에 돌려 드립니다.
Pas vám vrátime zajtra ráno.
빠스 왐 브라찌메 자이뜨라 라노

이 용지에 기입해 주십시오.
Vyplňte tento formulár.
위쁠뉴떼 뗀또 포르물라르

사인을 해 주십시오.
Podpíšte sa, prosím.
뽀뜨삐슈떼 싸 쁘로씸

여기 열쇠가 있습니다.
Tu máte kľúč.
뚜 마떼 끌루추

몇 층입니까?
Na ktorom je to poschodí?
나 끄또롬 예 또 뽀스호지

엘리베이터는 있습니까?
Je tu výťah?
예 뚜 위따흐

레스토랑은 어디입니까?
Kde je reštaurácia?
그데 예 레슈따우라찌아

엘리베이터는 좌측, 레스토랑은 우측의 안쪽입니다.
Výťah je tu vľavo a reštaurácia tamto
_{위따흐 예 뚜 블랴워 아 레슈따우라찌아 땀또}
vpravo vzadu.
_{프쁘라워 브자두}

아침 식사는 몇 시입니까?
Kedy sa podávajú raňajky?
_{께디 싸 뽀다와이우 라냐이끼}

몇 시에 방을 비워야 합니까?
O koľkej hodine musím uvoľniť izbu?
_{오 꼴께이 호지네 무씸 우월니뜨 이즈부}

서비스

포터를 불러 주시오.
Môžete mi zavolať nosiča?
_{무어줴떼 미 자월라뜨 노씨촤}

수화물을 방으로 운반해 주십시오.
Odneste batožinu do izby, prosím.
_{오드네쓰떼 바또쥐누 도 이즈비 쁘로씸}

룸메이드는 어떻게 부릅니까?
Ako sa volá chyžná?
_{아꼬 싸 월라 히주나}

이 벨을 눌러 주십시오.
Zazvoňte na tento zvonček.
_{자즈보뉘떼 나 뗀또 즈본췌끄}

슈트케이스는 여기에 두십시오.
Dajte kufor sem.
다이떼 꾸포르 쎔

이 방은 너무 춥습니다.
V izbe je veľká zima.
브 이즈베 예 벨까 지마

이 방은 너무 덥습니다.
Je tu veľmi teplo.
예 뚜 웰미 떼쁠로

모포를 1장 더 갖다 주시겠습니까?
Môžete mi priniesť ešte jednu prikrývku?
무어줴떼 미 쁘리니에스뜨 에슈떼 예드누 쁘리끄리프꾸

전기가 들어오지 않습니다.
Nesvieti svetlo.
네스위에찌 스웨뜰로

더운 물이 나오지 않습니다.
Netečie teplá voda.
네떼취에 떼쁠라 워다

샤워기가 고장 났습니다.
Sprcha nefunguje.
스쁘르하 네풍구예

난방이 잘 되지 않습니다.
Ústredné kúrenie zle funguje.
우스뜨레드네 꾸레니에 즈레 풍구예

여기는 시끄럽습니다.
Je tu hluk
예 뚜 흘루끄

방을 바꾸어 주시지 않겠습니까?
Mohol(a) by ste mi vymeniť izbu?
모홀(라) 비 스떼 미 위메니뜨 이즈부

방 열쇠를 방에 두고 왔습니다.
Zabudol(a) som kľúč na izbe.
자부돌(라) 쏨 끌루추 나 이즈베

방에서 시내 전화를 할 수 있습니까?
Môžem z izby telefonovať do mesta?
무어쳄 즈 이즈비 뗄레포노와뜨 도 메스따

예, 제로(0)를 돌린 다음, 계속해서 번호를 돌려주시오.
Áno. Najskôr vytočte nulu a potom číslo.
아노 나이스꾸어르 위또추떼 눌루 아 보뚬 취슬로

내일 아침 6시에 깨워 주시오.
Zobuďte ma zajtra ráno o šiestej,
조부트떼 마 자이뜨라 라노 오 쉬에스떼이
prosím.
쁘로씸

들어오십시오.
Ďalej, prosím.
달레이 쁘로씸

택시를 예약하시겠습니까?
Máme vám objednať taxík?
마메 왐 오브예드나뜨 따시끄

체크아웃

내일 출발합니다.
Zajtra odchádzam.
자이뜨라 오드하드잠

계산서를 준비해 주십시오.
Pripravte mi účet, prosím.
쁘리쁘라프떼 미 우췌뜨 쁘로씸

제 짐을 운반할 사람을 보내 주십시오.
Pošlite pre moju batožinu, prosím.
뽀슈리떼 쁘레 모이우 바또쥐누 쁘로씸

지불하고 싶습니다.
Chcel(a) by som vyrovnať účet, prosím.
흐쩰(라) 비 쏨 위로브나뜨 우췌뜨 쁘로씸

여기 청구서입니다.
Tu máte účet.
뚜 마떼 우췌뜨

호텔은 A디럭스, A, B, C와 랭크 kategórie로 나누어진다. A디럭스가 제일 고급이고, C가 되면 샤워와 화장실이 공동이 되는 경우가 있다. 대학의 학생 기숙사도 여름에는 C카테고리 호텔이 된다. 호텔은 예약 없이도 방이 비어 있으면 직접 신청하지만, 시즌 중에는 어려울 수도 있다. 또, 국영 여행사의 「체도크」 Čedok로 호텔을 찾을 수도 있고, 「프라고투르」 Pragotur는 비교적 싼 방을 알선하고 있다. 팁은 다른 유럽과 같게 생각해도 좋으며, 보이 등에게 지불한다. 화장실(특히 여성용)은 유료가 많으므로 잔돈 준비가 필요하다.

층을 세는 방법은 우리의 1층이 prízemie(지층), 2층이 prvé poschodie(1층)로 된다.

모라바니 낫 바홈에서 출토된 비너스 조각
약 25000년 동물뼈 등으로 만들어짐

9. 시내 교통·관광

길 안내

미안하지만, 흐위에즈도슬라우 광장은 어디입니까?
Prepáčte, kde je Hviezdoslavovo
쁘레빠추떼 그데 예 흐위에즈도슬라워워

námestie?
나메스찌에

그 길은 무슨 길입니까?
Aká je to ulica?
아까 예 또 울리짜

그 건물은 무엇입니까?
Čo je to za budovu?
초 예 또 자 부도우

길을 헤매고 있는데, 호텔「파리」는 어떻게 갑니까?
Zablúdil(a) som. Ako sa dostanem
자블루질(라)   쏨   아꼬 싸 도스따넴

do hotela Paríž?
도 호뗄라 빠리쉬

성 마르띤 교회를 보고 싶습니다만.
Chcel(a) by som sa pozrieť na
흐쩰(라) 비 쏨 싸 뽀즈리에뜨 나
katedrálu svätého Martina.
까떼드랄루 스왜떼호 마르띤나

성(城)까지는 어떻게 갑니까?
Ako sa dostanem ku hradu/na hrad?
아꼬 싸 도스따넴 꾸 흐라두 나 흐라드

국립극장으로 가는 길이 맞습니까?
Je to správná cesta k Národnému divadlu?
예 또 스쁘라브나 쩨스따 끄 나로드네무 지와들루

공교롭게도 모르겠습니다.
Bohužiaľ, to neviem.
보후쥐알 또 네위엠

여기는 잘 모르겠습니다.
Nevyznám sa tu.
네위즈남 싸 뚜

계속 똑바로 가세요.
Choďte rovno.
호드떼 로브노

오른쪽으로 가세요.
Choďte doprava.
호드떼 도쁘라와

길의 좌측입니다.
Je to na ľavej strane ulice.
예 또 나 랴웨이 스뜨라녜 올리쩨

이쪽 방향입니다.
Je to týmto smerom.
예 또 찜또 스메롬

반대 방향입니다.
Je to opačným smerom.
예 또 오빠츠님 스메롬

되돌아 가세요.
Musíte naspäť.
무씨떼 나스빼뜨

저쪽으로 건너가세요.
Prejdite na druhú stranu.
쁘레이디떼 나 드루후 스뜨라누

광장을 통해서 가 주세요.
Prejdite námestím.
쁘레이디떼 나메스찜

거기는 가깝습니까?
Je to blízko?
예 또 블리스꼬

거기는 멉니까?
Je to ďaleko?
예 또 달레꼬

아니오, 아주 가깝습니다.
Nie, odtiaľto je to kúsok.
니에   오트찌알또   예   또   꾸쏘끄

이 근처에 가까운 우체국은 어디입니까?
Je tu niekde blízko pošta?
예·뚜   니에그데   블리스꼬   보슈따

여기부터 우체국까지는 어느 정도 걸립니까?
Ako ďaleko je odtiaľto Hlavná pošta?
아꼬   댤레꼬   예   오뜨찌알또   흘라브나   보슈따

걸어서 10분 정도입니다.
Asi desať minút peši.
아씨   데싸뜨   미누뜨   뻬쉬

지하철 · 버스 · 시내 전차

전차 표는 어디서 살 수 있습니까?
Kde sa kupujú lístky na električku?
그데   싸   꾸뿌유   리스뜨끼   나   엘레크뜨리추꾸

키오스크「PNS, 매점」에서 살 수 있습니다.
V stánku PSN.
프   스딴꾸   빼에스엔

차표 파는 곳은 저기입니다.
Predaj lístkov je tam.
쁘레다이   리스뜨꼬우   예   땀

차표 10장을 주시오.
Desať lístkov, prosím.
데싸뜨 리스뜨꼬우 쁘로씸

「국립박물관」에 가려면 어느 지하철을 타야 합니까?
Ktorou trasou metra mám ísť k Múzeu?
끄또로우 뜨라쏘우 메뜨라 맘 이스뜨 끄 무제우

이 전차는 성으로 갑니까?
Táto električka ide k hradu.
따또 엘레크뜨리추까 이데 끄 흐라두

제일 가까운 지하철 역은 어디입니까?
Kde je najbližšia stanica metra?
그데 예 나이블리주쉬아 스따니짜 메뜨라

어느 전차가 국립 극장으로 가는 것입니까?
Ktorá električka ide k Národnému
끄또라 엘레크뜨리추까 이데 끄 나로드네무
divadlu?
지와들루

어디서 내리면 됩니까?
Kde mám vystúpiť?
그데 맘 위스뚜삐뜨

어디서 바꾸어 타면 됩니까?
Kde mám prestúpiť?
그데 맘 쁘레스뚜삐뜨

시내교통 · 관광

몇 번째의 정류장입니까?
Koľká to je zastávka?
꼴까 또 예 자스따프까

2번째입니다.
Druhá.
드루하

종점까지 가세요.
Ide to až na konečnú stanicu?
이데 또 아쉬 나 꼬네추누 스따니쭈

편리한 시내 교통권 (차표 l 이리스독) lístok

브라티슬라바나 꼬시쩨 등, 주요 도시의 교통 기관은 지상 전차(트램)나 버스이다. 브라티슬라바에는 지하철도 있다. 브라티슬라바에서 차표는 노면 전차, 버스, 지하철 공통이지만, 다른 도시에서 사용할 수 없으므로 주의가 필요하다. 차표는 매점(賣店)「PNS(poštová novinová služba)」등, 「정기권(차표) 예매 predpredaj lístkov」라고 쓰여진 스티커가 있는 가게나, 역이나 정류장의 자동판매기(automat)에서 살 수 있다. 지하철은 들어갈 때 차표를 기계에 넣어서 시간을 프린트 하고, 전차나 버스의 경우는 들어가서 자기가 차표를 펀치한다. 때때로 검찰이 오면 차표를 보여 주는데 차표가 없어졌거나 펀치를 하지 않은 경우에는 수십 배의 벌금을 내게 된다. 한번 타거나 짧은 시간(15분이내)탈 때에는 가장 싼 표를 사고, 몇번이고 갈아탈 때는 정기표가 유리하다. 하루, 3일, 일주일, 10일, 2주, 한달 등 정기권이 편하고 싸다. 첫번째 탈 때 한번만 펀치하면 펀치한 순간의 날짜, 시간이 표시된다. 펀치한 표를 지갑에 넣고 다니다가 검시원이 요구할 때 보여주면 된다.

택시

택시로 갑시다.
Pôjdeme taxíkom.
부어이데메 따씨꼼

택시를 잡읍시다.
Vezmeme si taxík.
웨즈메메 씨 따씨끄

어디서 택시를 잡을 수 있습니까?
Kde nájdem taxík?
그데 나이뎀 따씨끄

이 근처에 택시 정류장이 있습니까?
Je tu niekde stanovisko taxíkov?
예 뚜 니에그데 스따노위스꼬 따씨꼬프

빈 차입니까?
Ste voľný?
스떼 윌니

아니오, 손님이 있습니다.
Nie, som obsadený.
니에 쏨 오브사데니

비어 있습니다. 사, 타시죠.
Áno, prosím.
아노 쁘로씸

어디까지?
Kam to bude?
깜 또 부데

인터콘티넨탈 호텔까지 부탁합니다.
Hotel Intercontinetal, prosím.
호뗄 인떼르쫀띠네딸 쁘로씸

공항까지 부탁합니다.
Na letisko, prosím.
나 레찌스꼬 쁘로씸

이 주소로 가 주십시오.
Choďte na túto adresu, prosím.
호뜨떼 나 뚜또 아드레쑤 쁘로씸

여기서 세워 주십시오.
Zastavte tu, prosím.
자스따프떼 뚜 쁘로씸

얼마입니까?
Koľko platím?
꼴꼬 쁠라찜

거스름 돈은 놔두십시오.
Nechajte si drobné.
네하이떼 씨 드로브네

택시는 택시 승강장에서 타게 되어 있다. 길을 지나고 있는 택시를 멈추는 것도 가능하다. 또, 전화 예약도 할 수 있다.
택시 요금 산정표는 대개 앞문 바깥에 형식적으로 조그맣게

쓰여 있다. 대개 타기 전에 어디까지 얼마인지 확인하는 것이 안전하다. 관광객에게 터무니 없는 바가지 요금을 부가할 때도 있다. 일단 바가지 요금이란 기분을 느끼면 영수증을 반드시 요구하고 경찰을 부르는게 상책이다.

관광

브라티슬라바의 안내 책자가 있습니까?
Máte sprievodcu po Bratislave?
마떼 스쁘리에워뜨쭈 뽀 브라찌슬라웨

이 도시에서 무엇을 보면 좋겠습니까?
Čo stojí zato vidieť tu v meste?
초 스또이 자또 위디에뜨 뚜 브 메스떼

당신은 무엇을 보고 싶습니까?
Čo chcete vidieť?
초 흐쩨떼 위디에뜨

이 거리에는 어떤 역사적인 기념물이 있습니까?
Aké sú tu historické pamiatky?
아께 쑤 뚜 히스또리쯔께 빠미아뜨끼

박물관은 있습니까?
Je tu múzeum?
예 뚜 무제움

안에 들어갈 수 있습니까?
Môžeme dnu?
무어줴메 드누

입장료가 필요합니까?
Platí sa nejaké vstupné?
뽈라찌 싸 네야께 프스뚜쁘네

입장료가 얼마입니까?
Koľko stojí vstupné?
꼴리꼬 스또이 프스뚜쁘네

여기는 차펙 형제가 살았던 곳입니다.
Tu žili bratia Čapkovci.
뚜 쥘리 브라찌아 차쁘고우찌

슬로바키아에는 중세의 아름다운 도시가 많이 있다. 어느 것이 가장 아름다운 도시인가 하는 것에 대해서는 자주 문제가 되지만, 동쪽 지방의 도시 「반스까 비스뜨리짜 Banská Bystrica」나 동쪽 지방의 도시 「레보차 Levoča」가 자주 후보에 오른다. 또 온천 도시로서 알려진 아름다운 도시이다.

브라띠슬라바에는 고딕, 르네상스, 바로코, 로코코 등의 건축 양식이 갖추어져 있고, 「세쩨세 secesia 분리파 또는 아르누보」라고 불리는 세기말의 건축에 있어서도 뛰어난 곳이다.

유명한 성당 중에 유럽에서도 내부 장식이 아름다운 것으로 유명한 「성 마르띤 성당」이나, 유럽 중세 석조 다리로 관광객에 의해서 사랑받은 다리로 「노위 다리」 두나이강을 가로 지르고 있다.

시내 교통 · 관광

NÁPISY 표시의 여러 가지

- čakáreň 차까레뉘 대합실
- čerstvo natreté 체르스뜨워 나뜨레떼 페인트 주의
- dámy 다미 여성용(화장실)
- chôdza vľavo 후어자 블랴워 좌측 통행(보행자)
- chôdza vpravo 후어자 프쁘라워
  우측 통행(보행자)
- Informácie 인포르마찌에 안내소
- inventúra 인웬뚜라 재고 조사
- Jednosmerná prevádzka
  예드노스메르나 쁘레와즈까 일방 통행
- Choďte krokom 호뜨떼 끄로꼼 서행
- Jazda vľavo 야즈다 블랴워 좌측 통행(차량)
- jazda vpravo 야즈다 프쁘라워 우측 통행(차량)
- klopať ; klopte 끌로빠뜨; 끌로쁘떼 노크하시오
- Fajčenie zakázané 화이체니에 자까자네 금연
- Kôš na odpadky 꾸어슈나 오뜨빠뜨끼
  쓰레기통
- Fajčiari 화이치아리 흡연석
- Miesto pre invalidov 미에스또 쁘레 인왈리도프
  신체장애지용 좌석
- muži 무쉬 남성용(화장실)
- Nedotýkajte sa 네도띠까이떼 싸
  손대지 마시오.
- neklopať ; neklopte 네끌로빠뜨 ; 네끌로쁘떼

169

노크하지 마시오
- nefajčiari 네화이치아리 금연석
- Nenakláňajte sa z okna
  네나끄라냐이떼 싸 즈 오끄나
  창 밖으로 손(혹은 신체의 일부) 내밀지 마시오
- Núdzový východ 누조위 위호뜨 비상구
- Obsadené 오쁘사제네 사용중
- Očistite si obuv 오치스띠떼 씨 오부프
  구두 흙을 털어 주시오
- Otvorené 오쁘워레네 개점, 영업중
- Otvorené od…do… 오뜨워레네 오뜨… 도…
  …시 부터 …시 까지 개점
- páni 빠니 남성용(화장실)
- Parkovanie zakázané 빠르꼬와니에 자까자네
  주차 금지
- Pešia zóna 빼쉬아 조나 보행자 지역
- pitná voda 삐뜨나 워다 음료수
- pozor! 뽀조르 주의!
- pozor! Zlý pes! 뽀조르! 즐리 뻬스! 맹견주의
- Požiarny hydrant 뽀쥐아르니 히드란뜨 소화전
- Prejazd/prechod zakázaný
  쁘레야즈뜨/쁘레호뜨 자까자니 통과 금지
- Prvá pomoc 쁘르와 뽀모쯔 응급처치
- Predpredaj lístkov 쁘레뜨쁘레다이 리스뜨꼬프
  정기권(차표) 예매소
- sem ; ťahať 쎔 ; 쨔하쯔 잡아당기다, 당기세요
- slepá ulica 슬레빠 울리짜
  더 이상 갈 수 없음, 막다른 길

- stáť ; stoj! 스따뜨 ; 스또이 멈춤!
- studená(voda) 스뚜데나(워다) 찬물
- šatňa 샤뜨냐 휴대품 보관소(극장, 식당 등)
- tam ; tlačiť 땀 ; 뜰라치뜨 미시오, 누르다
- teplá(voda) 떼쁠라(워다) 더운 물
- udržujte ticho/kľud 우드르쥬이떼 찌호/꾸루뜨
  조용히 하십시오
- vchod 프호뜨 입구
- voľno 월노 빈(자리)
- vstup voľný 프스뚜쁘 월니 입장 무료
- vstup zakázaný 프스뚜쁘 자까자니 출입금지
- východ 위호뜨 출구
- vysoké napätie 위소께 나뻬찌에 고압 전류
- Rezervované 레제르워와네 예약 완료
- záchod 자호뜨 화장실
- záchranná brzda 자흐라나 브르즈다
  비상 브레이크
- zákaz fajčenia 자까스 회이체니아 금연
- zákaz parkovania 자까스 빠르꼬와니아
  주차 금지
- Zatvárať dvere 자뜨와라뜨 드웨레
  문을 닫아 주시오
- Zatvárajte dvere 지뜨와라이떼 드웨레
  문을 닫아 주시오
- Zatvorené 자뜨워레네 폐점
- Zatvorené z technických príčin/dôvodov
  자뜨워레네 스 떼흐니쯔끼흐 프리친 두어보도프

시내 교통 · 관광

수리 중이어서 폐점
- zvoňte 즈워뉘떼 벨을 울려 주시오
- ženy 줴니 여성용(화장실)
- WC [véce] 웨쩨 화장실

사진

당신 카메라는 어떤 카메라입니까?
Aký máte fotoaparát?
아끼 마떼 포또아빠라뜨

여기에서 사진을 찍어도 좋습니까?
Môže sa tu fotografovať/fotiť?
무어줴 싸 뚜 포또그라포와뜨 포찌뜨

플래시를 터뜨려도 좋습니까?
Môže sa tu použiť blesk?
무어줴 싸 뚜 뽀우쥐뜨 블레스끄

미안하지만, 셔터를 눌러 주시겠습니까?
Prosím vás, mohli by ste nás
쁘로씸 와스 모흘리 비 스떼 나스
vyfotografovať/vyfotiť?
위포또그라포와뜨 위포찌뜨

여기를 눌러 주십시오.
Tu stlačte?
뚜 스뜨라추떼

사진 스튜디오

제 사진을 찍고 싶습니다.
Chcel(a) by som sa dať
흐쩰(라) 비 쏨 싸 다뜨
vyfotografovať/vyfotiť.
위포또그라포와뜨   비포찌뜨

상반신 정면 사진을 찍어 주시오.
Prosím, vyfotografujte/vyfoťte ma
브로씸   위포또그라푸이떼   위포쯔떼 마
na pas.
나 빠스

어떤 크기 입니까?
Aký formát si prajete?
아끼 포르마뜨 씨 쁘라이에떼

5×5를 부탁합니다.
Päť krát päť, prosím.
빼뜨 끄라뜨 빼뜨   브로씸

비자용 사진이 필요합니다.
Chcel(a) by som fotografie na vízum.
흐쩰(라) 비 쏨   포또그라피에 나 위줌

빠른 것으로 부탁합니다.
Expres, prosím.
에끄스쁘레스 브로씸

이 필름을 현상해 주세요.
Chcel(a) by som vyvolať tento film.
흐쩰(라) 비 쏨 위월라뜨 뗀또 필름

카메라가 고장났습니다.
어디가 이상한 것인지 검사해 주시오.
Fotoaparát nefunguje.
포또아빠라뜨 네풍구예

Môžete mi ho prezrieť?
무어줴떼 미 호 쁘레즈리에뜨

필름이 감기지 않게 되었습니다.
Nepretáča sa film.
네쁘레따차 싸 필름

비디오 테잎이 있습니까?
Máte videokazetu?
마떼 위데오까제뚜

여기서 복사를 할 수 있습니까?
Robíte tu kópie?
로비떼 뚜 꼬삐에

이 자료의 복사를 부탁합니다.
Môžete mi okopírovať tieto doklady?
무어줴떼 미 오꼬삐로와뜨 띠에또 도끌라디

10. 물건 사기

물건 사기 일반

오늘은 물건을 사야 됩니다.
Dnes musím ísť nakupovať.
드네스 무씸 이스뜨 나꾸뽀와뜨

저와 함께 물건을 사러 가시지 않으시겠습니까?
Mohol(a) by ste ísť so mnou nakupovať?
모홀(라) 비 스떼 이스뜨 쏘 므노우 나꾸뽀와뜨

잡지는 어디서 살 수 있습니까?
Kde sa kupujú časopisy?
그데 싸 꾸뿌이유 차쏘삐씨

잡지나 신문은 매점(PNS)이나 담배 가게,
지하철 통로에서 살 수 있습니다.
Časopisy a noviny sa kupujú v stánku
차쏘삐씨 아 노위니 싸 꾸뿌유 프 스딴꾸
PNS, alebo v podchode metra.
뻬엔에스 아레보 프 뽀뜨호데 메뜨라

가게는 몇 시에 엽니까?
Od koľkej sú otvorené obchody?
오뜨 꼴끼께이 쑤 오뜨워레네 오브호디

백화점은 어디 입니까?
Kde je obchodný dom?
그데 예 오쁘호드니 돔

백화점은 일요일에도 엽니까?
Sú obchodné domy otvorené aj v nedeľu?
쑤 오쁘호드네 도미 오뜨워레네 아이 브 네뗄루

가까운 곳에 편의점이 있습니까?
Je tu niekde blízko samoobsluha?
예 뚜 니에그데 블리스꼬 싸모오쁘슬루하

매장

무엇을 원하십니까?
Čo si želáte/prajete?
초 씨 줴라떼 쁘라이에떼

다음 분.
Ďalší!
달쉬

목걸이는 있습니까?
Máte náhrdelníky?
마떼 나흐르델니끼

예, 있습니다. 자, 보십시오.
Ano, máme. Pozrite sa, prosím.
아노 마메 뽀즈리떼 싸 쁘로씸

프라하에 관한 책을 갖고 싶습니다.
Chcel(a) by som nejakú knihu o Prahe.
흐쩰(라) 비 쏨 녜야꾸 끄니후 오 쁘라헤

칫솔을 주십시오.
Zubnú kefku, prosím.
주브누 께프꾸 쁘로씸

이것을 주십시오.
Toto, prosím.
또또 쁘로씸

몇 개나 필요합니까?
Koľko vám dám?
꼴리꼬 왐 담

이것을 보여 줄 수 있습니까?
Môžete mi to ukázať?
무어줴떼 미 또 우까자뜨

그것을 보고 싶습니다.
Chcel(a) by som sa na to pozrieť.
흐쩰(라) 비 쏨 싸 나 또 뽀즈리에뜨

자, 고르십시오.
Prosím, vyberte si.
쁘로씸 위베르떼 씨

이것은 마음에 듭니다.
To sa mi páči.
또 싸 미 빠치

물건 사기

이것은 마음에 들지 않습니다.
To sa mi nepáči.
또 싸 미 네빠치

이것은 너무 큽니다.
To je veľké.
또 예 웰께

이것은 너무 작습니다.
To je malé.
또 예 말레

바꾸어 주시겠습니까?
Môžete mi to vymeniť?
무어줴떼 미 또 위메니뜨

또 어떤 것을?
Ešte niečo?
에슈쩨 니에초

고맙습니다, 이것으로 전부입니다.
Ďakujem, to je všetko.
댜꾸엠 또 예 프세트꼬

얼마입니까?
Koľko to stojí?
꼴꼬 또 스또이

이것은 1개에 얼마입니까?
Koľko stojí jeden kus?
꼴꼬 스또이 예덴 꾸스

전부 얼마입니까?
Koľko to stojí spolu?
꼴꼬 또 스또이 스쁠루

값을 써주십시오.
Prosím, napíšte mi tú cenu.
쁘로씸   나삐슈떼 미 뚜 쩨누

이것은 쌉니다.
To je lacné.
또 예 라쯔네

이것은 비쌉니다.
To je drahé.
또 예 드라헤

더 싼 것은 없습니까?
Máte niečo lacnejšie?
마떼   니에초 라쯔네이쉬에

이것을 사겠습니다.
Vezmem si to.
웨즈멤   씨 또

어디서 지불합니까?
Kde sa platí?
그데 싸 쁠라띠

여기에서 지불합니까, 계산대에서 지불합니까?
Platí sa u nás alebo pri pokladni?
쁠라띠 싸 우 나스 아레보 쁘리 뽀끌라드니

계산대는 어디입니까?
Kde je pokladňa?
그데 예 뽀끌라드냐

달러로 지불할 수 있습니까?
Môžem platiť v dolároch?
무어쳄 쁠라찌뜨 브 돌라로흐

아니오, 지불할 수 없습니다.
Nie, nemôžete.
니에 네무어줴떼

잔돈은 있습니까?
Máte drobné?
마떼 드로브네

카드로 지불하고 싶습니다.
Chcel(a) by som zaplatiť kreditnou kartou/kreditkou.
흐쩰(라) 비 쏨 자쁠라찌뜨 끄레지뜨노우 까르또우 / 끄레지트꼬우

계산이 틀린 것은 아닙니까?
Nedošlo pri sčítaní/spočítaní k omylu?
네도쉴로 쁘리 스치따니 스뽀치따니 끄 오미루

영수증을 주시오.
Dajte mi bloček, prosím.
다이떼 미 블로체끄 쁘로씸

선물·꽃가게

슬로바키아 기념품을 사고 싶은데요.
Chcel(a) by som nejaké/typické
흐쩰(라) 비 쏨 네야께 띠삐쯔께
tadičné/slovenské darčekové predmety.
뜨라지추네 슬로웬스께 다르체꼬웨 쁘레드메띠

그라나트(석류석)의 브로치는 어떨까요?
Nechcete napríklad granátovú brošňu?
네흐쩨떼 나쁘리끄라뜨 그라나또우 브로슈뉴

어린이 선물을 사고 싶은데요.
Chcel(a) by som niečo pre deti.
흐쩰(라) 비 쏨 니에쪼 쁘레 데찌

어떤 민속품이 있습니까?
Aké sú u vás výrobky tradičného umenia?
아께 쑤 우 와스 위로쁘끼 뜨라지추네호 우메니아

꽃병을 보여 주시겠습니까?
Môžem sa pozrieť na nejaké vázy?
무어쥄 싸 뽀즈레에뜨 나 네야께 와지

빨간 장미를 3송이 주세요.
Prosím si, tri červené ruže.
쁘로씸 씨 뜨리 체르웨네 루줴

흰 카네이션 5송이 주세요.
Prosím si, päť bielych karafiátov.
쁘로씸 씨 빼뜨 비엘리흐 까라피아또프

그것에 아스파라거스를 더해 주세요.
Pridajte k tomu asparágus.
쁘리다이떼 끄 또무 아스빠라구스

> 슬로아바키아의 통화 단위는 「코루나 koruna」와 「할레르슈 halier」로 1코루나가 100할레르슈에 해당하지만, 실제로는 코루나 단위로 상용되고 있다.
>
> 물건을 살 때 편의점 형식의 가게도 많이 있으므로, 말이 통하지 않아도 걱정할 것이 없다. 그러나 보통 가게에서는 점원에게 물건을 말해서 사지 않으면 안된다. 또, 가게에서는 물건을 부탁하는 곳이나 받는 곳, 돈을 지불하는 곳이 틀릴 수 있다. 그 경우에는 금액을 쓴 종이를 「계산대 pokladňa」에게 갖고 가서 돈을 지불한 다음, 받은 영수증을 보이고 물건을 받는다. 상점은 거의 토요일은 오전만 영업을 하며, 일요일이나 축제일은 쉰다. 그러나 브라티슬라바 시내 중심 등 관광지에서는 일요일에도 여는 곳이 여기저기 있다.

♣ 가게 이름은 주로 간판에 나와 있는 것이다.

스삐슈 까삐뚤라

11. 식사

식사 일반

배가 고픕니다.
Som hladný(á).
쏨 흘라드니(나)

목이 마릅니다.
Som smädný(á).
쏨 스매드니(나)

식욕이 없습니다.
Nemám chuť jesť.
네맘 후찌 에스뜨

무엇인가 맛있는 것을 먹고 싶습니다.
Dal(a) by som si niečo dobré.
달(라) 비 쏨 씨 니에초 도브레

예, 매우 좋습니다.
Áno, veľmi rád/rada.
아노 웰미 리뜨 라다

아침 식사는 끝났습니까?
Už ste raňajkoval(i)?
우쉬 스떼 라냐이꼬왈(리)

예, 조금 아까, 먹었습니다.
Áno. Pred chvíľou som raňajkoval(a).
아노   브레뜨   흐윌로우   쏨   라냐이꼬왈(라)

점심은 몇 시입니까?
O koľkej je obed?
오   꼴께이   예   오베뜨

저녁은 대개 무엇을 먹게 됩니까?
Čo jete zvyčajne na večeru?
초   이에떼   즈위차이네   나   웨체루

가벼운 것을 먹고 싶습니다.
Chcel(a) by som niečo ľahké.
흐쩰(라)   비   쏨   니에초   랴흐께

음식은 가리지 않습니다.
Nie som prieberčivý(vá) v jedle.
니에   쏨   브리에베르치위(-와)   브 에들레

무엇이든 먹을 수 있습니다.
Jem všetko.
엠   프셰트꼬

저녁 식사 준비가 되었습니다.
Večera je pripravená.
웨체라   예   쁘리쁘라웨나

식탁으로 와 주십시오.
Poďte prosím k stolu.
뽀뜨떼   브로씸   끄   스똘루

드십시오.
Vezmite si.
웨즈미떼 씨

맛있게 드십시오! (먹는 사람에게)
Dobrú chuť!
도브루 후찌

당신도.
Podobne.
뽀도브녜

자, 염려 마시고 드십시오.
Ponúknite sa, prosím.
뽀누끄니떼 씨 브로씸

입에 맞으십니까?
Chutí vám to?
후찌 왐 또

대단히 맛있습니다.
Je to veľmi dobré.
예 또 웰미 도브레

샐러드를 좀 더 드시겠습니까?
Mám vám pridať ešte šalát?
맘 왐 쁘리다뜨 예쉬떼 살랴뜨

예, 그러면 조금만 주십시오.
Áno, ale len trochu.
아노 알레 렌 뜨로후

이제 괜찮습니다.
Už nie, ďakujem.
우쉬 니에 댜꾸엠

배가 부릅니다.
Som najedený(á)
쏨 나예데니(-나)

이제는 먹을 수 없습니다.
Už nemôžem.
우쉬 네무어 쥄

내륙국인 슬로바키아는 바다가 없다. 따라서 해산물이 자주 식탁에 오르지 않는다. 그러나 중세부터 수천개의 양어장 덕분에 잉어요리와 송어요리는 일품이다. 특히 잉어는 유럽으로의 수출로도 유명하다. 북국이므로, 야채와 과일 종류도 많지 않고 식생활은 고기가 중심이다. 우리나라의 김치와 비슷한 사워크라우트(독일식 양배추 절임)를 주로 먹는다. 1989년도 자유화 이후 과일 및 채소 특히 마늘 소비량이 해마다 급속히 늘어나고 있다. 삶의 질이 나아지면서 다이어트 경향과 서유럽처럼 성인병 예방에 신경을 많이 쓰기 때문이다.

슬로바키아에서 「햄 šunka」이라고 불리는 것은 돼지 고기의 훈제만을 표시하며, 2종류 이상의 고기가 섞인 것은 살라마 saláma라고 한다. 배낭족 등 값싼 여행을 즐기는 관광객들에게는 치즈와 더불어 인기 있는 품목이다.

아침 식사는 커피나 우유와 빵, 햄이나 살람 등이다. 슬로바키아는 아침 일찍부터 일이 시작되기 때문에, 10시경에 「간식 detská výživa/desiata」으로 과일이나 빵 등을 먹는다. 낮에는 보통 따뜻한 음식과 수프를 먹는다. 3시경에는 「오후의 간식 olovrant」를 먹고, 저녁은 낮과 같이 대게 질 좋은 맥주와 더불어 요리한 「따뜻한 음식 teplá večera」을 먹는 경우와 치즈나 햄류, 계란 등 「찬 저녁 식사 studená večera」로 끝나는 경우가 있다.

전형적인 슬로바키아 요리는 돼지고기요리와 크네들리키 그리고 사워크라우트를 합쳐서 vepřoknedlozelo(웨프르조끄네들로젤로)라고 말할 수 있다. 크네들리키(경단)는 보리 또는 밀 가루나 감자 등으로 만든 것으로 삶은 경단과 같은 것으로 체코 특유의 것이다. 보통은 고기 요리나 슬로바키아굴라쉬(헝가리 쇠고기 스튜와 비슷)와 함께 먹지만, 크네들리키 속에 자두나 딸기 등을 넣고 사탕과 버터를 발라서 먹을 수도 있다.

레스토랑

무엇인가 먹으러 가시지 않겠습니까?
Nepôjdeme sa niekam najesť?
네뿌어이데메 싸 니에깜 나이에스뜨

저녁을 내고 싶습니다.
Chcem vás pozvať na večeru.
흐쩸 와스 보즈와뜨 나 웨체루

어디로 저녁을 먹으러 갈까요?
Kam pôjdeme na večeru?
깜 뿌어이데메 나 웨체르루

좋은 레스토랑을 가르쳐 주시겠습니까?
Môžete mi odporučiť dobrú reštauráciu?
무어줴떼 미 오뜨뽀루치뜨 도브루 레슈따우라찌우

슬로바키아 요리를 먹고 싶습니다.
Chcel(a) by som jesť Slovenské jedlo.
흐쩰(라) 비 쏨 예스뜨 슬로웬스께 예들로

예약해 주실 수 있습니까?
Môžete mi rezervovať stôl?
무어줴떼   미   레제르워와뜨   스뚜얼

비어 있는 자리가 있습니까?
Máte voľné miesta?
마떼   월네   미에스따

죄송합니다. 자리가 다 찼습니다.
Prepáčte. Všetko je obsadené.
쁘레빠추떼   프셰뜨꼬   예   오쁘싸데네

웨이터, 이 두 자리가 비어 있습니까?
Pán hlavný, sú tieto dve miesta voľné?
빠   흘라브니   쑤   띠에또   드웨   미에스따   월네

여기는 비어 있습니까?
Je tu voľné?
예   뚜   월네

아니오, 비어 있지 않습니다.
Nie, je obsadené.
니에   예   오쁘싸데네

(우리들은) 저녁을 먹겠습니다.
Budeme večerať.
부데메   웨체라뜨

무엇인가 권해 주시지 않겠습니까?
Čo ponúkate?
초   뽀누까떼

여기서 자랑하는 요리는 무엇입니까?
Akú máte špecialitu?
아꾸   마떼   슈뻬찌알리뚜

메뉴를 보여 주시오.
Jedálny lístok, prosím.
예달니   리스또끄   쁘로씸

무엇으로 하시겠습니까?
Čo si želáte/prajete?
초 씨   줴라떼   쁘라예떼

무엇을 드시겠습니까?
Čo si dáte?
초 씨   다떼

맑은 쇠고기 수프를 주십시오.
Hovädzí vývar, prosím.
호왜드지   위와르   쁘로씸

구운 돼지 고기 요리와 크레들리키(삶은 경단)을 부탁합니다.
Bravčové pečené s knedľou, prosím.
브라우초웨   뻬체네 스   끄녜들료우   쁘로씸

저도 같은 것으로 주십시오.
Ja tiež ; Mne tiež.
야 띠에쉬   므녜 띠에쉬

식사

어떤 와인이 좋겠습니까?
단 것입니까, 드라이(쓴 맛이 나는)한 것입니까?
Aké víno chcete? Sladké alebo suché?
아께   위노   흐쩨떼   슬라뜨께   아레보   수헤

드라이 한 것으로 부탁합니다.
Nejaké suché, prosím.
네야께   수헤   쁘로씸

맥주를 1병 부탁합니다.
Jedno pivo, prosím.
예드노   삐워   쁘로씸

계산을 부탁합니다.
Platiť, prosím.
쁠라찌뜨   쁘로씸

전부 같이 지불합니다.
Platíme všetko spolu.
쁠라찌메   프셰뜨꼬   스뽈루

각자 계산합니다.
Platíme každý zvlášť.
쁠라찌메   까쥐디   즈블라슈뛰

식사

레스토랑은 값에 따라 특, Ⅰ, Ⅱ, Ⅲ등급 skupina으로 나누어져있다. 「특」이 제일 고급이다. 식사는 레스토랑(reštaurácia) 외에 와인 레스토랑(vináreň)이나 선술집(krčma)에서도 할 수 있다. 계산은 테이블에 두거나 웨이터를 부를 수 있지만, 돈을 취급하는 사람이 정해져 있으므로 회계를 꼭 불러야 되는 경우도 있다. 팁은 요금의 10%정도를 두고, 간단하게 식사를

마치고 싶은 경우에는 부펫 bufet」으로 햄류나 샐러드, 빵 등을 먹을 수 있고, automat라고 말하는 셀프 서비스의 식당도 있다. 또, 작은 좌판의 소시지도 맛이 괜찮다. 1989년 말 이후 서유럽처럼 미국에서 체코인 얀 크로츠(Jan Kroc)가 창립한 패스트푸드레스토랑인 맥도널드 등 패스트푸드 음식점이 많이 있어 편리하다. 그러나 시내 중심을 제외하고는 맛있고 값싼 슬로바키아 음식을 즐길면 여행기분이 더 좋아질 것이다.

Jedálny lístok 메뉴

♠ Predjedlá(쁘레뜨예들라)
전체, 식욕 돋구는 간단한 차가운 요리

- olejovky 올레요프끼 생선 통조림
- šunka s uhorkou 슝까 스 우호르꼬우
  오이 곁들인 햄
- uhorská saláma 우호르스까 쌀라마 헝가리 살람
- eidamský syr s maslom
  에이담스끼 씨르 스 마슬롬 버터를 곁들인 아담 치즈
- ruské vajce 루스께 와이쩨 러시아 계란 요리
  (계란후라이 위에 햄과 샐러드를 얹고 마요네즈를 첨가함)
- sleď v oleji 슬레뛰 브 올레이이 청어 기름 튀김
- trescia pečeň 뜨레스쮜아 뻬체뉘 대구 간요리
- kaviár 까위아르 캐비아

♠ Polievky(뽈리에프끼) 수프
- Hovädzí vývar 호왜지 위와르

맑은 쇠고기 수프
- Hovädzí vývar s rezancami
호왜드지 위와르 레잔짜미 스 레잔짜이
누들이 든 비프 콘소메 수프
- hovädzí vývar s vajcom
호왜드지 위와르 스 와이쯤 날계란 든 비피 콘소메 수프
- hovädzia polievka s pečeňovými knedlíčkami
호왜드지아 뽈리에프까 스 뻬체뇨위미 끄네들리추까미
간으로 만든 고기 경단이 들은 비프 수프
- slepačia polievka 슬레빠치아 뽈리에우까
닭 수프
- zemiaková polievka 제미아꼬와 뽈리에우까
감자 수프
- hubová polievka 후보와 뽈리에우까 버섯 수프
- hrachová polievka 흐라호와 뽈리에우까
완두콩 수프
- zeleninová polievka 젤레니노와 뽈리에우까
야채 수프

♠ **Špecialita**(슈뻬찌알리따) 특별 요리
- Hotové jedlá 호또웨 예들라
일반 요리(준비된 요리)
- Hovädzí guláš 호왜드지 굴라쉬 비프 굴라쉬
- segedínsky guláš 쎄게딘스끼 굴라쉬
세게도 풍(약간 매운 헝가리 풍) 굴라쉬
- hovädzia sviečková na smotane
호왜드지아 스위에추꼬와 나 스모따네

크림소스를 곁들여 맛을 낸 쇠고기 등심 요리
- roštenka na paprike 로슈뗀까 나 빠쁘리께
 고추를 곁들여 맛을 낸 구운 쇠고기 요리
- pečené teľacie 뻬체녜 뗄랴찌에
 송아지 고기 로스트
- bravčový rezeň prírodný
 브라우초위 레제뉘 쁘리로드니
 구운 돼지 고기(그대로 구운 것)
- pečené bravčové, knedľa, kapusta
 뻬체녜 브라우초웨, 끄네들랴, 까뿌스따
 로스트 포크, 크네들리키, 사워크라우트
- bravčové stehno na paprike
 브라우초웨 스쩨흐노 나 빠쁘리께
 고추를 곁들여 맛을 낸 돼지 고기 넓적다리 부분요리
- bravčové rebierko so špenátom
 브라우초웨 레비에르꼬 쏘 슈뻬나똠
 시금치를 곁들인 돼지갈비 요리
- smažený rezeň 스마줴니 레제뉘
 돈가스, 돼지고기 커틀렛
- karbonátok 까르보나또끄 햄버거

♠ **Hydina**(히디나) 날짐승 요리
- Pečené kura 뻬체녜 꾸라 로스트 치킨
- Smažené kura 스마줴네 꾸라 후라이드 치킨
- Kura na paprike 꾸라 나 빠쁘리께
 고추를 곁들여 맛을 낸 닭고기 요리
- pečená hus 뻬체나 후스 거위 로스트
- pečená kačka/kačica 뻬체나 까추까/까취짜

집오리 로스트

♠ Ryby(리비) 생선요리

- pstruh na masle 쁘스뜨루흐 나 마슬레
  버터를 곁들인 송어 요리
- smažené filé 스마줴네 휠레
  튀긴 생선살 요리(휠레-백생선살)
- smažený kapor 스마줴니 까보르
  튀긴 잉어 요리

♠ Bezmesité jedlá(베즈메시떼 예들라)
고기 없는 요리

- Omeleta so špenátom 오멜레따 쏘 슈뻬나똠
  시금치 오믈렛
- Slivkové knedle 슬리프꼬웨 끄네들레
  자두 크네들리키(삶은 경단)
- Šošovica s vajcom 쇼쇼비짜 스 와이쫌
  삶은 달걀을 곁들여 걸쭉하게 만든 렌즈콩 요리
- smažený karfiol 스마줴니 까르퓌올
  튀긴 꽃양배추 요리

♠ Jedlá na objednávku
(예들라 나 오비예드나프꾸) 주문 요리

- biftek s vajcom 비프떼끄 스 와이쫌
  계란 요리 비프 스테이크
- teľacia pečeň, tatárska omáčka
  뗄랴찌아 뻬체뉘, 따따르스까 오마추까
  송아지 간요리, 타타르 소스(마요네즈 소스에 오

이, 양파, 파슬리 등을 잘게 다져 섞은 것)
- bravčový medailón 브라우초위 메다일론
  돼지고기 메달리온
- rezy zo sviečkovej 레지 조 스위에추꼬웨이
  비프 스테이크(저민 쇠고기 등심요리)

♠ Šalát(샬라뜨) 샐러드

- Uhorkový šalát 우호르꼬위 샬라뜨 오이 샐러드
- Paradajkový šalát 빠라다이꼬위 샬라뜨
  토마토 샐러드
- Miešaný šalát 미에샤니 샬라뜨 믹스 샐러드

♠ Kompóty(꼼뽀띠) 콤포트(과일 설탕 절임)

- Ananásové kompóty 아나나쏘웨 꼼뽀띠
  파인애플 콤포트
- Marhuľové kompóty 마르후료웨 꼼뽀띠
  살구 콤포트
- Miešané kompóty
  미에샤네 꼼뽀띠 믹스 콤포트

♠ Zákusky/Múčniky(자꾸스끼/ 무추니끼)
디저트(과자나 케익)

- Čokoládová torta 초꼬라도와 또르따
  초콜릿 케익
- Parížska torta 빠리쉬스까 또르따
  생크림과 카카오 · 초콜릿을 곁들인 케익
- jablkový závin 야블꼬위 자윈 애플 파이
- palacinky 빨라찐끼 팬케익(서양 과자의 하나)

- puding so šľahačkou 뿌딩 쏘 슐라하추꼬우
  생크림 푸딩
- zmrzlina 즈므르즐리나 아이스크림
- zmrzlinový pohár 즈므르즐리노위 뽀하르
  아이스크림 선디
- ananás so šľahačkou 아나나쓰 쏘 슐라하추꼬우
  생크림 얹은 파인애플

♠ Prílohy(쁘리로히) 곁들인 요리

- Dusená ryža 두쎄나 리좌 쌀밥
- Knedle 끄네들레 크네들리키(삶은 경단)
- hranolky 흐라놀끼 프렌치 프라이(감자 튀김)
- zemiaky 제미아끼 삶은 감자
- zemiaková kaša 제미아꼬와 까샤 으깬 감자

♠ 기타

- párok 빠로끄 소시지
- tlačenka s cibuľou 뜰라첸까 스 찌불료우
  양파를 곁들인 젤리타입의 돼지고기 판육
- miešané vajce, praženica
  미에샤네 왜이쩨, 쁘라줴니짜 스크램블 애그
- vajce na mäkko 와이쩨 나 매끄꼬
  삶은 계란(반숙)
- vajce na tvrdo 와이쩨 나 뜨브르도
  삶은 계란(푹 삶은 것)
- obložené chlebíčky 오블로줴네 흘레비추끼
  오픈(한쪽) 호밀빵 샌드위치

찻집 · 다방

커피를 마시러 갑시다.
Poďme na kávu.
뽀즈메 나 까부

다방에서 쉬지 않겠습니까?
Nesadneme si do kaviarne?
네싸드네메 씨 도 까위아르네

시원하게 마실만 한게 없을까요?
Máte nejaký studený/chladený nápoj?
마떼 네야끼 스뚜데니 흐라데니 나뽀이

커피 2잔과 초콜릿 케익 1개 주십시오.
Dvakrát kávu a jednu čokoládovú
드와끄라뜨 까부 아 예드누 쵸꼴라도부
tortu, prosím.
또르뚜 브로씸

아이스크림 콘을 주십시오.
Zmrzlinový pohár, prosím.
즈므르즐리노위 뽀하르 브로씸

일류 호텔에는 따로 있지만, 보통 레스토랑이나 대중 식당에서 커피 káva라고 하면 일반적으로 터키 커피(turecká káva)라 통한다. 이것은 통커피를 곱게 간 가루를 끓여 낸 것으로, 휘저은 다음 가루가 밑으로 가라앉게 한 후에 마시지 않으면, 입 속이 가루투성이가 되어 버리는 커피이다. 터키에서는 다 마신 후 잔을 잔받침대에 엎어 놓았다가 잔속에 흘려내린 커피찌꺼기 무늬로 하루의 운수를 점친다. 커피향이 진하고 일품이다. 이것이 다루기 어렵다고 생각하는 사람은 에스프레

소 espresso를 부탁하는 쪽이 무난하다. 에스프레소라고 해도 이탈리아 풍의 진한 것이 아니고 그냥 우리가 마시는 것과 비슷하다. 그외 빈커피 아메리칸 커피 등 다양하다.

식료품점

커피 200그램을 갈아 주십시오.
Dvadsať deka kávy, prosím.
드와드싸뜨   데까   까위   쁘로씸

이 빵의 반을 살 수 있습니까?
Môžem kúpiť pol tohoto chleba?
무어젬   꾸삐뜨   뽈   또호또   흘레바

호우스카(롤빵)를 5개 주십시오.
Päť buchtičiek, prosím.
빼뜨   부흐띠치에끄   쁘로씸

프라하햄 100그램 주십시오.
Desať deka pražskej šunky, prosím.
데싸뜨   데까   쁘라쉬스께이   슝끼   쁘로씸

헝가리 살라미를 200그램 주십시오.
Dvadsať deka uhorskej salámy.
드와드싸뜨   데까   우호르스께이   쌀라미

차 1봉지 주십시오.
Balíček čaja, prosím.
발리체끄   챠야   쁘로씸

주류

당신은 술을 마십니까?
Pijete alkohol?
삐예떼 알꼬홀

당신은 술을 좋아합니까?
Máte rád(rada) alkohol?
마떼 라뜨(라다) 알꼬홀

나는 안 마십니다.
Ja nepijem.
야 네삐엠

나는 맥주를 대단히 좋아합니다.
Mám veľmi rád(rada) pivo.
맘 웰미 라뜨(라다) 삐워

한 잔 할까요?
Nedáme si spolu pohárik?
네다메 씨 스뽈루 뽀하리끄

샴페인 1병을 주십시오.
Fľašu šampanského, prosím.
프라슈 샴빤스께호 쁘로씸

슬라보비쩨란 어떤 것입니까?
Čo je to slivovica?
초 예 또 슬리워위짜

자두로 만든 독한 술입니다.
Je to silný alkohol zo sliviek.
예 또 실니   알꼬홀   조   슬리위엑

건배!
Na zdravie!
나   즈드라위에

나는 취했습니다.
Som opitý(á).
쏨   오삐띠(-따)

> ▶ 맥주, 알코올, 와인
>
> 음료는 문화를 나타내는 것이라고도 일컬어지고 있다. 슬로바키아를 대표하는 음료는 「맥주 pivo」이다. 세계에서 맥주를 많이 소비하는 나라 답게 어디를 가도 생맥주집이 인기를 끌고 있다. 수많은 종류 중에서 가장 유명한 것은 유럽 맥주의 원조로 일컫는 체코의 필젠 맥주라고도 불리는 「필젠 12도 plzeňská dvanástka」이다. 12도라는 것은 알코올(맥아 도수임)도수가 아니다. 수출용 병에 든 이 맥주는 간혹 의사들이 약으로 처방할 정도다.
>
> 다음으로 유명한 것은 「부드바르 Budvar」이다. 남 보헤미아의 아름다운 도시 체스케부제요비쩨 České Budejovice의 맥주와 이 도시의 옛 독일 이름 Budweiser에서 미국의 맥주 「버드와이저」가 나왔다. 체코 버드와이저는 호프를 주원료로 한 향기 좋은 맥주인 반면에 미국산 버드와이저는 반화학 맥주이다.
>
> 리케르(정제 알코올에 설탕, 향료를 섞은 혼성주)로 유명한 카를로비바리 Karlove Vary의 베헤로프카 becherovka가 있다. 조금 쌉쌀한 듯 하나 단맛이 나는데 황금색의 연노랑빛이 나는 술로 식사 전에 식욕을 돋구기 위해서 마신다. 카를로비바리에 있는 온천 12개의 샘 원탕보다도 소화에 잘 들어, 13번째의 샘원(泉源) trinásty prameň이라는 농담으로 부르기도 한다. 체코에서 생산하는 고급 술이다. 체코나 슬로바키아

사람들 한테서 초대받았을 때 선물로 제격이다.

슬로바키아에는 질 좋은 와인 생산으로 유명하다. 요지음 생활환경의 변화와 새로운 경향으로 젊은 여성들이 와인을 선호하는 경향이 늘어가고 있어 질좋은 수입산 및 국내 와인 및 샴페인(샴페인이 프랑스 고유한 술 이름이라서 슬로바키아에서는 섹트 sekt라고 한다) 가장 유명한 것은 후베르트(Hubert) 섹트이다. 소비가 현저하게 늘어가고 있다. 백포두주로는 또까이(Tokai)가 유명하고 적포도주로는 프란코프카(Frankovka)가 인기 있다.

그외 독한 과일 브랜디로 슬리보비쩨(Slivovica), 럼, 보드카 등 다양한 술이 있고 술문화가 잘 정착되어 있다.

무 배추(kaleráb 까렐라프) : UFO와 같은 형의 포기 종자, 잎을 떼고 껍질을 벗겨서 먹는다. 날로도 먹을 수 있다.

잔주름 배추(kapusta 까뿌스따) ; 양배추 zel와 거의 같은 것이지만, 잎이 오그라져 있다.

큰 산파(pažítka 빠쥐뜨까) ; 가는 파의 일종, 수프 등에 넣는다.

딜(kôpor 꾸어뽀르) ; 향료로서 사용되는 미나리과의 식물, 수프나 피클을 만들 때 사용한다.

담배

당신은 담배를 핍니까?
Fajčíte?
화이취떼

아니오, 피지 않습니다.
Nie, nefajčím.
니에 네화이침

최근에 금연했습니다.
Nedávno som prestal(a) fajčiť.
네다브노   쏨   쁘레스딸(라)   화이치뜨

하루에 얼마나 피웁니까?
Koľko cigariet za deň vyfajčíte?
꼴꼬   찌가리에뜨   자   데뉘   위화이치떼

여기에서 담배를 피워도 좋습니까?
Môže sa tu fajčiť?
무어줴   싸   뚜   화이치뜨

여기는 금연입니다.
Tu je zakázané fajčiť.
뚜   예   자까자네   화이치뜨

슬로바키아 민족극장(브라티슬라바)

12. 통신

우체국은 월요일부터 금요일까지 오전 8시부터 오후 6시, 토요일은 오전 8시부터 12시까지 영업한다. 중앙 우체국(hlavná pošta) 홀라브나 뽀슈따)은 24시간 영업이다. 화물 중에서 책(인쇄물)이나 레코드는 어느 우체국에서나 보낼 수 있지만, 그 외의 것은 세관 colnica이 있는 우체국이 아니면 보낼 수 없다.

우편

당신과 펜팔하고 싶습니다.
Chcel(a) by som si s vami písať.
흐쩰(라) 비 쏨 씨 스 와미 삐사쯔

당신의 주소를 가르쳐 주시겠습니까?
Môžete mi dať vašu adresu?
무어줴떼 미 다뜨 와슈 아드레수

이 편지를 부쳐 주시겠습니까?
Môžete mi hodiť tento list do schránky?
무어줴떼 미 호지뜨 뗀또 리스뜨 도 스흐란끼

통신

그림 엽서가 항공으로 한국까지 얼마입니까?
Koľko stojí pohľadnica letecky do
꼴꼬 스또이 보흘랴드니짜 레떼쯔끼 도
Južnej Kórey?
이주네이 꼬레이

5코루나 우표 5장 주십시오.
Päť päťkorunových známok, prosím.
빼뜨 빼뜨꼬루노위흐 즈나모끄 쁘로씸

이것은 인쇄물입니다.
To je tlačivo.
또 예 뜨라치워

이것은 책입니다.
To sú knihy.
또 쑤 끄니히

편지

친애하는 노바크 씨!
Milý pán Novák!
밀리 빠네 노와꾸

친애하는 노바코바 씨! (노바크 부인!)
Milá pani Nováková!
밀라 빠니 노와꼬와

존경하는 체르니 씨!
Vážený pán Čierny!
와줴니 빤 치에르니

존경하는 체르나 여사님!
Vážená pani Čierna!
와줴나 빠니 치에르나

사랑하는 까렐!
Milý Karol!
밀리 까롤

사랑하는 알레나!
Milá Alena!
밀라 알레나

건강은 어떠십니까?
Ako sa máte?
아꼬 싸 마떼

먼저 진심으로 인사를 올립니다.
Najskôr Vás srdečne pozdravujem.
나이스꾸어르 와스 스르데추네 뽀즈드라부옘

편지 고마웠습니다.
Ďakujem Vám za Váš list.
댜꾸엠 왐 자 와쉬 리스뜨

건강하시기를.
Prajem Vám veľa zdravia.
쁘라옘 왐 웰랴 즈드라위아

잘 지내세요.
Majte sa veľmi pekne.
마이떼 싸 웰미 뻬끄네

조만간 편지 주십시오.
Napíšte mi skoro/čoskoro.
나삐슈떼 미 스꼬로 초스꼬로

가족에게 안부 전해 주십시오.
Pozdravujte odo mňa rodinu.
뽀즈드라부이떼 오도 므냐 로디누

우정어린 인사와 함께.
S priateľským pozdravom.
스 쁘리아뗄스낌 뽀즈드라웜

당신의 규진.
Váš Kjudžin(Kyuchin).
와쉬 규진

그림 엽서 · 카드

브라티슬라바로부터 따뜻한 안부 인사를 보냅니다. 민희.
Srdečné pozdravy Bratislavy posiela
스르데추네 뽀즈드라위 브라찌슬라위 뽀씨엘라
Min Hee. 민희

생일을 맞아 많은 행복과 건강과 만족을 기원합니다. 이지 홀룹.
K Vašim narodeninám Vám prajem veľa
끄 와쉼 나로데니남 왐 쁘라옘 웰랴
šťstia, zdravia a spokojnosti.
슈따스찌아 즈드라위아 아 스뽀꼬이노스찌

Juraj Holub.
유라이　홀루쁘

당신의 명명일(축일)에 만사형통과 무엇보다 건강과 하시는 일의 성공을 기원합니다. 밀란과 야나 수크(부부).
K Vášmu sviatku všetko najlepšie,
끄　와슈무　스위아뜨꾸　프셰트꼬　나이레쁘쉐에
hlavne veľa zdravia a úspechov v práci,
흘라브네　웰랴　즈드라위아 아　우스뻬호우　프 쁘라찌
prajú Milan a Jana Sukovi.
쁘라유　밀란　아　야나　　수꼬위

즐거운 크리스마스와 행복한 신년을 당신과 당신의 가족 모두에게 기원합니다. 차펙 일가.
Veselé Vianoce a šťastný Nový rok
웨쎌레　위아노쩨　아 슈땨스뜨니　노위　로끄
Vám i celej Vašej rodine prajú Čapkovci.
왐　이 쩰레이 와쉐이　로디네　쁘라유　차프꼬브찌

전보

서울로 전보를 치고 싶습니다.
Chcel(a) by som poslať telegram do Soulu.
흐쩰(라)　비　쏨　뽀슬라뜨　뗄레그람　도　소울루

전보 용지를 주시겠습니까?
Dal(a) by ste mi blanket?
달(라)　비　스떼 미　블란께뜨

브라티슬라바로 이 전보를 치는데 얼마입니까?
Koľko stojí tento telegram do Bratislavy?
꼴꼬 스또이 뗀또 뗄레그람 도 브라찌슬라위

전보를 빠른 것으로 해 주십시오.
Pošlite tento telegram prosím.
보슈리떼 뗀또 뗄레그람 쁘로씸

♠ 전보를 칠 때는 알파벳 전부를 대문자로 하고 위에 붙는 기호는 쓰지 않는다.

전화 신청

한국 대사관에 전화를 하고 싶습니다.
Chcel(a) by som si zavolať na
흐쩰(라) 비 쏨 씨 자월라뜨 나
juhokórejské veľvyslanectvo.
유호꼬레이스께 웰위슬라네쯔뜨워

브라티슬라바의 전화 번호부를 빌려 주십시오.
Môžete mi požičať bratislavský
무어줴떼 미 보쥐차뜨 브라티슬라프스끼
telefónny zoznam?
뗄레포니 조즈남

공중 전화는 어디에 있습니까?
Kde je verejný telefón?
그데 예 웨레이니 뗄레폰

전화를 빌려 주시겠습니까?
Môžem si od vás zavolať?
무어쥄   씨 오드   와스   자월라뜨

당신의 전화 번호는 몇 번입니까?
Aké máte telefónne číslo?
아께   마떼   뗄레포네   취슬로

집은 20 45 87입니다.
Domov je 20 45 87.
도모프   예 드와드싸뜨 슈띠리뜨싸뜨빼뜨 오 쎔데씨아뜨쎄뎀

근무처는 27 56 68, 내선은 46입니다.
Do práce je 27 56
도   쁘라쩨   예 드와뜨싸뜨쎄뎀 빼뜨데씨아뜨쉐쓰뜨
68, klapka 46.
쉐스뜨데씨아뜨오쎔 끌라쁘카 쉬띠리드싸뜨 쉐스뜨

한국에 전화 신청을 하고 싶습니다.
Chcel(a) by som hovor do Južnej Kórey.
흐쩰(라)   비   쏨   호워르   도 유주네이 꼬레이

서울의 4372-3487를 부탁합니다.
Chcela by som číslo do Soulu 43
흐쩰(라)   비   쏨   취슬로   도 쏘울루 쉬띠리드싸뜨뜨리
43 72 34 87.
쎄뎀데씨아뜨드와 뜨리드싸뜨슈띠리 오 쎔데씨아뜨쎄뎀

수신자 부담으로 부탁합니다.
Na účet volaného, prosím.
나   우체뜨   월라네호   쁘로씸

전화 번호를 읽는 방법은 보통 2자리씩 끊어 읽는다. 다시 말해서, 20 45 87이라면 20과 45와 87을 구별해서 읽는 것이 습관적으로 되어 있다.

국제 전화는 국제 전화용의 공중 전화에서 걸 수 있었으나, 현재는 전화 카드로 어디서나 가능하다. 중앙 우체국이라면 24시간 연결해 주므로 편리하다. 우체국에는 처음에 얼마의 요금을 지불해 두고, 통화를 한 다음에 정산하면 된다.

전화 대화

여보세요, 꼬와츠씨 계십니까?
Haló, je tam pán Kováč?
할로 예 땀 빤 꼬와츠

접니다.
Pri telefóne.
쁘리 뗄레포네

잠깐만 기다려 주세요.
Okamžik, prosím.
오깜쥐끄 쁘로씸

체르니 씨와 말하고 싶습니다.
Chcel(a) by som hovoriť s pánom
흐쩰(라) 비 쏨 호보리뜨 스 빠놈
Čiernym. 치에르님

전화하신 분은 누구십니까?
Kto volá?
크또 월라

한국의 김입니다.
Tu je Kim, Južná Kórea.
뚜 예 낌   유쥐나   꼬레아

마렉 씨, 김씨 전화입니다.
Pán Marek, volá vám pán Kim.
빤   마레끄   월라 왐   빤 낌

◦ 슬로바키아 국기
• 애국가
◦ 슬로바키아 표시(자동차)

13. 인간관계

☞ 인사의 여러 가지

마중

잘 오셨습니다! (단수) ; 저는 당신을 환영합니다.
Vítam vás.
위땀   와스

잘 오셨습니다! (복수) ; 우리들은 당신을 환영합니다.
Vítame vás.
위따메   와스

한국에 정말 잘 오셨습니다.
Vítame vás v Južnej Kórei.
위따메   와스 프 유쥐네이   꼬레이

조금 피곤합니다.
Som trochu unavený(-ná).
쏨   뜨로후   우나웨니(-나)

아니오, 괜찮습니다.
Nie, je to vporiadku.
니에 예 또 프뽀리아트꾸

마중 나와 주셔서 고맙습니다.
Ďakujem, že ste mi prišli naproti.
다꾸엠 줴 스떼 미 쁘리쉴리 나쁘로띠

환송

시간이 빨리 지나 이제 헤어지게 되었습니다.
Čas rýchlo beží, už sa musíme rozlúčiť.
차스 리흘로 베쥐 우쉬 싸 무씨메 로즈루치뜨

곧 뵙게 되면 좋겠지요.
Dúfam, že sa zase skoro uvidíme.
도우팜 줴 싸 자쎄 스꼬로 우위디메

즐거운 여행 되세요!
Šťastnú cestu!
슈따스뜨누 쩨스뚜

잘 지내세요.
Majte sa pekne.
마이떼 싸 뻬끄네

일의 성공을 빕니다.
Prajem Vám úspech v práci.
쁘라옘 왐 우스뻬흐 프 쁘라찌

건강을 빕니다.
Prajem Vám veľa zdravia.
쁘라옘 왐 웰랴 즈드라위아

축하!

Blahoželám, gratulujem.
블라호죄람　　　그라뚜루엠

생일 축하해!
Gratulujem Vám k narodeninám.
그라뚜루엠　왐　끄　나로데니남

명명일(축일)을 축하해!
Blahoželám Vám k sviatku!
블라호죄람　왐　끄　스위아뜨꾸

결혼 축하해!
Blahoželám Vám k svadbe.
블라호죄람　왐　끄　스와드베

결혼 축하합니다.
Príjmite moje srdečné blahoželanie
쁘리이미떼　모예　스르데추네　블라호죄라니에
ku svadbe.
끄　스와드베

성공을 축하해!
Blahoželám Vám k úspechu.
블라호죄람　왐　끄　우스뻬후

만사 형통을 빕니다.
Prajem Vám všetko najlepšie.
쁘라엠　왐　프셰트꼬　나이렙쉬에

당신의 건강과 행복과 일의 성공을 빕니다.
Prajem Vám veľa zdravia, šťastia a
쁘라옘 왐 웰랴 즈드라위아 슈따스찌아 아
úspechov v práci.
우스뻬호우 프 쁘라찌

부활절 축하해!
Veselú Veľkú Noc!
웨쎌루 웰꾸 노쯔

크리스마스 축하해!
Veselé Vianoce!
웨쎌레 위아노쩨

신년 축하!
Šťastný Nový rok!
슈따스뜨니 노위 로끄

건배

건배! (건강을 빌며!)
Na zdravie!
나 즈드라위에

건배! (원샷!)
Až do dna!
아쉬 도 드나

당신의 건강을 위하여!
Na vaše zdravie!
나 와셰 즈드라위에

우리의 우정을 위하여!
Na naše priateľstvo!
나 나셰 쁘리아뗄스뜨워

> ▶ 슬로바키아의 경축일
>
> 신년(월.일) Nový rok(노위 로끄)
> 부활절(4월중) Veľká Noc(웰까 노쯔)
> 노동자의 날(5월 1일) Prvý máj(쁘르위 마이)
> 해방 기념일(5월 8일) oslobodenie Česka a Slovenska
> (오슬로보데니에 체스까 아 슬로웬스까)
> 독립 기념일(10월 28일) vyhlásenie samostatnosti
> (위흘라쎼니에 싸모스따뜨노스찌)
> 학생의 날(11월 27일) deň študentov(데뉘 슈뚜덴또프)
> 크리스마스(12월 24일~26일) Vianoce(위아노쩨)
>
> 슬로바키아에는 이른바 「국경일」 štátny sviatok이라고 불리는 「해방 기념일」과 「독립 기념일」이 있다. 이 외에 신년, 부활절, 크리스마스가 축일이 된다. 또 7월 6일의 얀 후스의 날, 10월 28일 공화국 창건의 날 등 이외의 중요한 날이 더 있다.

소개, 첫대면, 만남

노바크 씨를 소개합니다.
Rád(a) by som vám predstavil(a)
라뜨(라다) 비 쏨 왐 쁘레뜨스따윌(라)
pána Nováka.
빠나   노와까

저를 당신의 친구에게 소개해 주시겠습니까?
Môžete ma predstaviť vašemu priateľovi?
무어줴떼 마 쁘레트스따위뜨 와셰무
쁘리아뗄료위

알게 되어 반갑습니다.
Teší ma, že Vás spoznávam.
떼쉬 마 줴 와스 스뽀즈나왐

제 소개를 드리겠습니다.
Dovoľte, aby som sa Vám predstavil(a).
도윌떼 아비 쏨 싸 왐 쁘레트스따윌(라)

제 소개를 하고 싶습니다.
Rád(a) by som sa Vám predstavil(a).
라뜨(라다) 비 솜 싸 왐 쁘레트스따윌(라)

나는 김길동 입니다.
Som Gildong, Kim.
쏨 길동 김

홀룹 씨를 아십니까?
Poznáte pána Holuba?
뽀즈나떼 빠나 홀루바

서로 아십니까?
Poznáte sa?
뽀즈나떼 싸

인간관계

우리들은 서로 아는 사이입니다.
My sa poznáme.
미 싸 뽀즈나메

만나서 기쁩니다. (두번째 이후)
Som rád(a), že vás vidím.
쏨 라뜨(다) 줴 와스 위짐

오래간만입니다.
Už sme sa dlho nevideli.
우쉬 스메 싸 들호 네위뗄리

☞ 방문

약속

당신을 뵙고 싶습니다.
Chcel(a) by som sa s vami stretnúť.
흐쩰(라) 비 쏨 싸 스 와미 스뜨레뜨누뜨

만나서 잠깐 말할 수 있습니까?
Mohli by sme sa stretnúť a trochu sa
모흘리 비 쓰메 싸 스뜨레뜨누뜨 아 뜨로후 싸
porozprávať?
뽀로스쁘라와뜨

언제 괜찮겠습니까?
Kedy sa vám to hodí?
께디 싸 왐 또 호지

언제든지 상관 없습니다.
Môžem kedykoľvek.
무어 쥄   께디끌웨끄

공교롭게 오늘은 안됩니다.
Bohužiaľ, dnes nemôžem.
보후쥐알   드네스   네무어 쥄

언제 시간이 있습니까?
Kedy máte čas?
께디   마떼   차스

내일 오후에 시간이 있습니까?
Máte čas zajtra poobede?
마떼   차스 자이뜨라   뽀오베데

3시 이후라면 시간이 있습니다.
Ak po tretej, tak áno.
악   뽀   뜨레쩨이   딱   아노

어디서 만날까요?
Kde sa stretneme?
그데   싸   스뜨레뜨네메

호텔 로비에서 만나기로 할까요?
Stretneme sa v hotelovej hale?
스뜨레뜨네메   싸   브   호뗄로베이   할레

기다리고 있겠습니다.
Teším sa na vás.
떼쉼   싸   나   와스

인간관계

접수에서

체르막 씨를 만나고 싶습니다.
Chcel(a) by som sa stretnúť s pánom
흐쩰(라) 비 쏨 싸 스뜨레뜨누뜨 스 빠놈
Čermákom.
체르마꼼

약속이 됐습니까?
Ste ohlásený(á)?
스떼 오흘라셰니(-나)

용건은?
Čo si želáte/prajete?
초 씨 줴라떼 쁘라예떼

3시에 약속되어 있습니다.
Som ohlásený(á) o tretej hodine.
쏨 오흘라셰니(-나) 오 뜨레떼이 호지네

아니오, 약속은 없습니다.
Nie, neohlásil(a) som sa.
니에 네오흘라씰(라) 쏨 싸

제 이름을 전해 주시겠습니까?
Mohol(mohla) by ste ma u neho
모홀(모흘라) 비 스떼 마 우 네호
ohlásiť?
오흘라씨뜨

초대

우리 집에 와 주십시오.
Príďte k nám.
쁘리드떼 끄 남

언제 우리 집에 와 주시겠습니까?
Kedy k nám môžete prísť?
께디 끄 남 무어췌떼 쁘리스뜨

월요일에 저녁 식사를 하러 오시겠습니까?
Môžem vás pozvať k nám na večeru
무어쥄 와스 뽀즈와뜨 끄 남 나 웨체루
v pondelok?
프 뽄뗄로끄

우리들 파티에 와 주십시오.
Príďte k nám na večierok.
쁘리드떼 끄 남 나 웨취에로끄

초대 고맙습니다. 기쁘게 가겠습니다.
Ďakujem za pozvanie. 댜꾸옘 자 뽀즈와니에
Rád(Rada) prídem. 라뜨(라다) 쁘리뎀

방문지에서

들어 오십시오.
Poďte ďalej.
뽀뜨떼 달레이

잘 오셨습니다.

Vítame vás.
위따메 와스

늦어서 미안합니다.

Prepáčte, že idem/prichádzam neskoro.
쁘레빠추떼 줴 이뎀 쁘리하드잠 네스꼬로

실례가 되지 않겠습니까?

Nevyrušujem?
네위루슈엠

천만에요, 언제든지 대환영입니다.

Vôbec nie. Ste vždy vítaný(á).
우어베쯔 니에. 스떼 브쥬디 위따니(위따나)

와 주셔서 정말 기쁩니다.

To som rád(rada), že ste prišli.
또 쏨 라뜨(라다) 줴 스떼 쁘리쉴리

초대해 주셔서 고마웠습니다.

Ďakujem za pozvanie.
댜꾸엠 자 뽀즈와니에

코트를 벗으십시오.

Odložte si.
오들로쥐데 씨

앉으십시오.

Posaďte sa.
보싸뜌떼 싸

편하게 하세요.
Urobte si pohodlie.
우로브떼 씨 뽀호들리에

집에서 있는 것처럼 편하게 있으세요.
Cíťte sa tu ako doma.
찌쯔쩨 싸 뚜 아꼬 도마

틈, 여유

너무 오래 있었습니다.
Dlho som sa u vás zdržal(a).
들호 쏨 싸 우 와스 즈드르좔(라)

이제 그만 헤어져야겠군요.
Rád(Rada) by som sa s vami
라뜨(라다) 비 쏨 싸 스 와미

rozlúčil(a).
로즈루우췰(라)

유감이지만, 이제 실례해야겠습니다.
Bohužiaľ, už musím ísť.
보후쥐알 우쉬 무씸 이스뜨

정말 즐거웠습니다.
Bolo to veľmi pekné.
볼로 또 웰미 뻬끄네

초대 고마웠습니다.
Ďakujem, za vašu pohostinnosť.
댜꾸옘 자 와슈 뽀호스찐노스뜨

멋있는 저녁 고마웠습니다.
Ďakujem za krásny večer.
댜꾸옘   자   끄라스니   웨체르

대단히 즐거운 파티였습니다.
Bol to veľmi pekný večierok.
불 또 웰미   뻬끄니   웨취에로끄

바로크 양식의 구시청(레보차)

14. 민족, 정치, 종교

국적, 민족, 출신

당신은 어느 나라 사람입니까?
Odkiaľ ste?
오뜨끼알 스떼

당신은 어디 출신입니까?
Odkiaľ pochádzate?
오뜨끼알 보하드자떼

당신 국적은 어디입니까?
Akej ste národnosti?
아께이 스떼 나로드노스찌

저는 한국인(남성)입니다.
Som Kórejčan.
쏨 꼬레이찬

저는 한국인(여성)입니다.
Som Kórejčanka.
쏨 꼬레이찬까

한국의 서울에서 왔습니다.
Som zo Soulu v Južnej Kórei.
쏨 조 소울루 브 쥐네이 꼬레이

저분은 체코인입니까, 슬로바키아인입니까?
Je ten pán Čech alebo Slovák?
예   뗀   빤   체흐   아레보   슬로와끄

그는 체코인입니다.
Je Čech.
예   체흐

> 슬로바키아의 정식 국명은 슬로바키아공화국(Slovenská republika)이다. 1990년 전 사회주의 시대때 체코슬로바키아 정식 국명은 「체코 및 슬로바키아 연방 공화국」 Česka a Slovenská federatívna republika이라고 하며 약칭은 ČSFR이었다. 체코슬로바키아 연방 공화국은 체코 공화국과 슬로바키아 공화국으로 되어 있었고, 체코어와 슬로바키아어가 공용으로 되어 있었다.
>
> 제2차 세계 대전 후인 1948년 이후, 체코슬로바키아 공산당 Komunistická strana Československa의 사실상 1당 지배가 계속하고 있었지만, 1989년 벨벳 혁명에 의해서 민주화되어, 1990년 전후 처음으로 자유 선거가 행해졌다. 1993년 1월 1일부터 체코 공화국(Česká republika)과 슬로바키아 공화국(Slovenská republika)으로 각각 분리 독립하였다.

주요 나라, 민족명, 수도

【유럽】

- 그리스 Grécko(그레쯔꼬), 그리스인 Grék(그레끄)/Grékyňa(그레끼냐), 아테네 Atény(아떼니)
- 독일 Německo(네메쯔꼬), 독일인 Němec(네메쯔) / Němka(넴까), 베를린 Berlín(베를린)
- 러시아 Rusko(루스꼬), 러시아인 Rus(루스)/

Ruska(루스까), 모스크바 Moskva(모스끄와)
- 스위스 Švajčiarsko(슈와이취아르스꼬), 스위스인 Švajčiar(슈와이치아르) / Švajčiarka(슈와이치아르까), 베른 Bern(베른)
- 스페인 Španielsko(슈빠니엘스꼬), 스페인인 Španiel(슈빠니엘) / Španielka(슈빠니엘까), 마드리드 Madrid(마드리뜨)
- 영국(대영 제국) Anglicko(앙글리쯔꼬) Veľká Británia(웰까 브리따니아), 영국인 Angličan(앙글리찬) / Angličanka(앙글리찬까), 런던 Londýn(론딘)
- 오스트리아 Rakúsko(라꾸스꼬), 오스트리아인 Rakušan(라꾸샨) / Rakušanka(라꾸샨까), 빈 Viedeň(위에데뉘)
- 이태리 Taliansko(따리안스꼬), 이태리인 Talian(따리안) / Talianka(따리안까), 로마 Rím (림)
- 체코공화국 Česká republika(체스까 레뿌블리까), 체코인 Čech(m.)(체흐) / Češka(f.)(체슈까), 프라하 Praha(쁘라하)
- 슬로바키아 Slovensko(슬로웬스꼬), 슬로바키아인 Slovák(슬로와끄) / Slovenka(슬로웬까)
- 포르투갈 Portugalsko(뽀르뚜갈스꼬), 포르투갈인 Portugalec(뽀르뚜갈레쯔)/ Portugalka(뽀르뚜갈까), 리스본 Lisabon(리사본)
- 폴란드 Poľsko(뽈스꼬), 폴란드인 Poliak(뽈리아

끼) / Poľka(뽈까), 바르샤바 Varšava(와르샤와)
- 프랑스 Francúzsko(프란쭈스꼬), 프랑스인 Francúz(프란쭈즈) / Francúzka(프란쭈스까), 파리 Paríž(빠리쉬)
- 핀란드 Fínsko(핀스꼬), 핀란드 Fín(핀)/Fínka(핑까), 헬싱키 Helsinky(헬씬끼)
- 헝가리 Maďarsko(마댜르스꼬), 헝가리인 Maďar(마댜르) / Maďarka(마댜르까), 부다페스트 Budapešť(부다뻬쉬뒤)

【아시아, 중동, 아프리카】

민족·정치·종교

- 대한민국 Južná Kórea(유주나 꼬레아), 한국인 Kórejčan(꼬레이찬) / Kórejčanka(꼬레이찬까), 서울 Soul(소울)
- 베트남 Vietnam(위에뜨남), 베트남인 Vietnamec(위에뜨나메쯔) / Vietnamka(위에뜨남까), 하노이 Hanoj(하노이)
- 북한 Kórejská ľudovo-demokratická republika(꼬레이스까 류도워-데모끄라띠쯔까 레뿌블리까), 북한인 Kórejčan(꼬레이찬) / Kórejčanka(꼬레이찬까), 평양 Pchjongjang
- 사우디 아라비아 Saudská Arábia(싸우뜨스까 아라비아), 아랍인 Arab(아라쁘)/Arabka(아라쁘까), 리야드 Rijád(리야뜨)
- 이라크 Irak(이라끄), 이라크인 Iračan(이라챤) / Iračanka(이라챤까), 바그다드 Bagdád(바그다뜨)

- 이스라엘 Izrael(이즈라엘), 이스라엘인 Izraelčan(이즈라엘찬) / Izraelčanka(이즈라엘찬까), 텔 아비브 Tel Aviv(뗄 아이프)
- 이집트 Egypt(에기쁘뜨), 이집트인 Egypťan(에기쁘딴) / Egypťanka(에기쁘딴까), 카이로 Káhira(까히라)
- 인도 India(인디아), 인도인 Ind(인뜨) / Indka(인뜨까), 델리 Dillí(딜리)
- 일본 Japonsko(야뽄스꼬), 일본인 Japonec(야뽀네쯔) / Japonka(야뽄까), 도쿄 Tokyo(또끼오)
- 중국 Čína(취나), 중국인 Číňan(취냔) / Číňanka(취냔까), 북경 Peking(뻬낑그)

【아메리카, 대양주】

- 뉴질랜드 Nový Zéland(노위 젤란뜨), 뉴질랜드인 Novozélanďan(노워젤란단) / Novozélanďanka(노워젤란단까), 웰링톤 Wellington(웰링그똔)
- 멕시코 Mexiko(메끄씨꼬), 멕시코인 Mexičan(메끄씨찬) / Mexičanka(메끄씨찬까), 멕시코시티 Mexikocity(메끄씨꼬씨띠)
- 브라질 Brazília(브라질리아), 브라질인 Brazílčan(브라질찬) / Brazílčanka(블라질챤까), 브라질리아 Brazília(브라씰리아)
- 아메리카 합중국 Spojené štáty americké [Amerika](스뽀예네 슈따띠 아메리쯔께), 아메리카

인 Američan(아메리찬) / Američanka(아메리찬까), 워싱턴 Washington(와싱그똔)
- 오스트레일리아 Austrália(아우스뜨랄리아), 오스트레일리아인 Austrálčan(아우찬)/Austrálčanka(아우스뜨랄찬까), 캔버라 Sydny(시드니)
- 캐나다 Kanada(까나다), 캐나다인 Kanaďan(까나단) / Kanaďanka(까나당까), 오타와 Ottawa(오따와)

종교, 신앙

종교가 있습니까?
Ste veriaci?
스떼 웨리아찌

예, 가톨릭 신자입니다.
Áno. Som katolík.
아노 쏨 까똘리끄

당신은 기독교 신자입니까?
Ste protestant/evanjelik?
스떼 쁘로떼스딴뜨 에완니엘리끄

15. 직업

당신의 직업은?
Aké je vaše povolanie?
아께 예 와셰 뽀월라니에

당신 남편은 무슨 일을 하십니까?
Čo robí váš manžel?
초 로비 와쉬 만젤

나는 기술자(기사)입니다.
Som inžinier.
쏨 인줴니에르

나는 사무원입니다.
Som úradník.
쏨 우라드니끄

어디에서 일하십니까?
Kde pracujete?
그데 쁘라쭈예떼

나는 사무실에서 일하고 있습니다.
Pracujem v kancelárii.
쁘라쮸옘 프 깐쩰라리이

당신의 수입은 어느 정도입니까?
Aký máte plat?
아끼   마떼   쁠라뜨

당신 나라의 평균 임금은 어느 정도입니까?
Aké sú u vás priemerné zárobky?
아께 쑤 우 와스   쁘리에메르네   자로프끼

최저 임금은?
Aký je najnižší plat/Aká je minimálna mzda?
아끼 예 나이니슈쉬 쁠라뜨 아까 예   미니말나 므즈다

슬로바키아 묘비

16. 가족

가족은 몇 명입니까?
Koľko je vás v rodine?
꼴꼬 예 와스 브 로디네

전부 5인입니다.
Je nás päť.
예 나스 빼뜨

부모님과 형, 여동생과 나입니다.
Rodičia, brat, sestra a ja.
로디치아 브라뜨 쎄스뜨라 아 야

형제는 있습니까?
Máte súrodencov?
마떼 쑤로덴쪼우

형제는 몇 사람입니까?
Koľko máte súrodencov.
꼴꼬 마떼 쑤로덴쪼우

남자는 몇 사람입니까?
Koľko máte bratov?
꼴꼬 마떼 브라또우

가족

자매는 몇 사람입니까?
Koľko máte sestier?
꼴꼬   마떼   쎄스띠에르

형제는 두 사람, 자매는 한 사람입니다.
Mám dvoch bratov a jednu sestru.
맘   드워흐   브라또우 아 예드누   쎄스뜨루

가족

민속 건축 양식 박물관

17. 연령

무례한 질문이지만, 당신은 몇 살입니까?
Nehnevajte sa, že sa tak drzo pýtam.
네흐네와이떼 싸 줴 싸 따끄 드르조 삐땀
Koľko máte rokov?
꼴꼬 마떼 로꼬우

너는 몇 살이니?
Koľko máš rokov?
꼴꼬 마슈 로꼬우

20세 입니다.
Mám dvadsať.
맘 드와드싸뜨

이제 곧 40세가 됩니다.
Budem mať skoro štyridsať.
부뎀 마뛰 스꼬로 슈띠리드싸뜨

당신은 몇 년생 입니까?
V ktorom roku ste sa narodili?
프 끄또롬 로꾸 스떼 싸 나로질(리)

나는 1945년에 태어났습니다.
Narodil som sa v roku 1945
나로질 솜 사 브 로꾸 + 1945

tisíc deväťsto štyridsať päť.
띠씨쯔 데베츠스또 슈띠리사티 빼뜨

연령

포도주의 나라 슬로바키아 ; 포도 따는 여인들
슬로바키아 포도주 또까이(Tokai)는 최고급 포도주로 해외에 수출한다.
슬로바키아는 또 후베르트(Hubert)란 유명한 샴페인(섹트)도 해외에 많이 수출한다.

18. 결혼

(남성에게) 당신은 결혼 하셨습니까?
Ste ženatý?
스떼 쩨나띠

예, 결혼 했습니다.
Áno, som ženatý.
아노 쏨 쩨나띠

예, 벌써 10년이 되었습니다.
Áno, už desať rokov.
아노 우쉬 데싸뜨 로꼬우

아니오, 결혼하지 않았습니다.
Nie, nie som ženatý.
니에 니에 쏨 쩨나띠

가족이 있습니까?
Máte rodinu?
마떼 로디누

당신은 혼자입니까?
Ste slobodný?
스떼 슬로보드니

예, 혼자입니다.
Áno, som slobodný.
아노   쏨   슬로보드니

(여성에게) 당신은 결혼했습니까?
Ste vydatá?
스떼   위다따

예, 결혼했습니다.
Áno som vydatá.
아노 쏨   위다따

아니오, 미혼입니다.
Nie, som slobodná.
니에   쏨   슬로보드나

슬로바키아에서는 시청에서 결혼식을 하는 것이, 법률상의 절차로 되어 있다. 본인 외에 두 명의 입회인 svedok이 필요하며 교회에서 식을 하는 사람도 있다. 피로연 파티는 아주 가까운 친지나 친구들을 초대해서 보통 레스토랑이나 집에서 간략하게 한다. 자동차에 흰 리본이 걸려있으면 결혼식이 있는 집이라고 생각하면 된다.

구시가지 광장 Staromestké námestie의 시청 radnica에서는 자주 결혼식이 행해지므로, 운이 좋으면 순백의 신부를 볼 수 있을 것이다.

결혼

19. 성격 · 대인 관계

저 두 사람은 사이가 좋습니다.
Oni dvaja spolu dobre vychádzajú.
오니 드와야 스뽈루 도브레 위하드자이유

그들은 사이가 좋지 않습니다.
Medzi nimi nie sú dobré vzťahy.
메드지 니미 니에 쑤 도브레 브즈따히

우리 부부 사이는 원만합니다.
Naše manželstvo je šťastné.
나쉐 만 첼스뜨워 예 슈따스뜨네

나는 그녀를 좋아합니다.
Mám ju rád.
맘 이우 라뜨

나는 그녀를 사랑하고 있습니다.
Milujem ju. (Ľúbim ju.)
밀루옘 이우 (류빔 이우)

나는 너를 사랑해.
Milujem ťa. (Ľúbim ťa.)
밀루옘 땨 (류빔 땨)

그는(그녀에게) 사랑에 빠져 있습니다.
On je do nej zaľúbený/zamilovaný.
온 예 도 네이 자류베니 자미로와니

그는(그녀에게) 불행하게도 사랑에 빠져 있습니다.
On je do nej nešťastne zaľúbený.
온 예 도 네이 네슈따스뜨녜 자류베니

그는 그녀에게 실연당했습니다.
Ona ho nechala.
오나 호 네할라

그(그녀)는 나를 증오하고 있는 것 같습니다.
Zdá sa mi, že ma nenávidí.
즈다 싸 미 줴 마 네나위지

꼬시쩨고딕성당

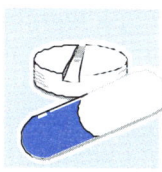

20. 건강과 진료

건강 상태

건강합니까?
Ako sa vám darí?
아끄 싸 왐 다리

살이 찌셨군요.
Pribrali ste.
쁘리브랄리 스떼

조금 여위었군요.
Trochu ste schudli.
뜨로후 스떼 스후들리

건강한 것 같군요.
Vyzeráte dobre.
위제라떼 도브레

얼굴 색이 나쁘군요.
Nevyzeráte dobre.
네위제라떼 도브레

얼굴이 창백하군요.
Ste bledý(-dá).
스떼 블레디(-다)

어떻게 된 것입니까?
Čo je vám?
초 예 왐

나는 피곤합니다.
Som unavený(-ná).
쏨   우나웨니(-나)

몸이 좋지 않습니다.
Je mi zle.
예 미 즐레

열이 있을지도 모르겠습니다.
Asi mám horúčku.
아씨 맘   호루추꾸

감기에 걸렸습니다.
Som prechladnutý(á).
쏨   쁘레흘라드누띠(따)

진찰(診察)

어떻습니까?
Ako sa cítite?
아꼬 사 찌찌쩨

어디가 아픕니까?
Kde vás bolí?
그데 와스 볼리

여기가 아픕니다.
Tu to bolí.
뚜 또 볼리

여기가 찌르는 것 같이 아픕니다.
Tu to pichá.
뚜 또 삐하

여기가 묵직하게 아픕니다.
Tu cítim tupú bolesť.
뚜 찌띰 뚜뿌 볼레스뜨

두통이 있습니다.
Bolí ma hlava.
볼리 마 흘라와

가슴이 아픕니다.
Bolí ma hrudník.
볼리 마 흐루드니끄

현기증이 납니다.
Mám závrat.
밈 자브라뜨

기침이 납니다.
Mám kašeľ./Kašlem.
맘 까쉘 까슈렘

위가 아픕니다.
Bolí ma žalúdok.
볼리 마 좔루도끄

열이 있습니다.
Mám horúčku.
맘　　호루추꾸

외과

손에 상처를 입었습니다.
Poranil(a) som si ruku.
보라닐(라)　쏨　씨　루꾸

손에 화상을 입었습니다.
Popálil(a) som si ruku.
보빨릴(라)　쏨　씨　루꾸

팔이 뿌려졌습니다.
Zlomil(a) som si ruku.
즐로밀(라)　쏨　씨　루꾸

심하게 출혈하고 있습니다.
Veľmi to krváca.
웰미　또　끄르와짜

당신의 혈액형은 무엇입니까?
Akú máte krvnú skupinu?
아꾸　마떼　끄르브누　스꾸삐누

안과, 이비인후과

눈이 따끔거립니다.
Pália ma oči.
빨리아   마   오치

눈에 뭔가가 들어갔습니다.
Niečo mi spadlo do oka.
니에초   미   스빠들로   도   오까

눈이 충혈되었습니다.
Mám podliate oči.
맘   뽀들리아떼   오치

나는 근시입니다.
Som krátkozraký(-ká).
쏨   끄라뜨꼬즈라끼(-까)

나는 원시입니다.
Som ďalekozraký(-ká).
쏨   달레꼬즈라끼(-까)

귀가 잘 들리지 않습니다.
Nepočujem dobre.
네뽀추옘   도브레

치과

이가 굉장히 아픕니다.
Veľmi ma bolí zub.
웰미 마 볼리 주브

어느 이가 아픕니까?
Ktorý zub vás bolí?
끄또리 주브 와스 볼리

충치가 생겼습니다.
Máte kaz.
마떼 까스

산부인과

당신은 임신했습니다.
Ste tehotná.
스쩨 떼호뜨나

당신은 임신 3개월입니다.
Ste v treťom mesiaci tehotenstva.
스떼 프 뜨레쫌 메씨아찌 떼호뗀스뜨와

출산 예정일은 5월 10일입니다.
Dátum pôrodu je desiaty máj.
다뚬 뿌어로두 예 데씨아띠 마이

태어난 아이가 남아입니까, 여아입니까?
Narodil sa chlapec alebo dievča?
나로질 싸 흘라뻬쯔 아레보 디에우차

병의 상태, 병문안

그는 어느 병원에 입원하고 있는 것입니까?
V ktorej nemocnici leží?
프 끄또레이 네모쯔니찌 레쥐

그녀는 무슨 과에 입원하고 있는 것입니까?
Na ktorom je oddelení?
나 끄또렘 예 오드델레니

면회 시간은 몇 시부터 몇 시까지 입니까?
Kedy sú návštevné hodiny?
께디 쑤 나프슈떼브네 호지니

병문안 할 때는 보통 무엇을 가지고 갑니까?
Čo sa zvyčajne prináša chorému?
초 싸 즈위차이네 쁘리나샤 호레무

환자의 상태는 어떻습니까?
Ako je pacientovi?
아꼬 예 빠지엔또위

(그는) 의식이 없습니다.
Je v bezvedomí.
예 브 베즈웨도미

건강과 진료

(그는) 위험한 상태에 빠졌습니다.
Je v kritickom stave.
예 프   끄리띠쯔꼼   스따웨

약국

이 처방 대로 약을 조제해 주십시오.
Prosím, pripravte mi liek podľa tohto
쁘로씸   쁘리쁘라프떼   미 리에끄   뽀들랴   또흐또
receptu.
레쩹뚜

이 약을 사고 싶습니다.
Chcel(a) by som tento liek.
흐쩰(라)   비   쏨   뗀또   리에끄

두통약이 필요합니다.
Chcel(a) by som nejaký liek proti
흐쩰(라)   비   쏨   네야끼   리에끄   쁘로띠
bolesti hlavy.
볼레스띠   흘라위

유행성 감기약이 필요합니다.
Chcel(a) by som nejaký liek proti
흐쩰(라)   비   쏨   네야끼   리에끄   쁘로띠
chrípke.
흐리쁘께

1일 3회, 매 식후에 1봉지씩 드십시오.
Budete brať/užívať tri-krát denne
부데떼   브라뜨/ 우쥐와뜨 뜨리 끄라뜨   덴네
jednu dávku po jedle.
예드누   다우꾸   뽀 예들레

꼬시쩨시에 있는 성 엘리자베따 성당(고딕양식)

건강과 진료

21. 주거

당신은 어디에 살고 있습니까?
Kde bývate?
그데 비와떼

자택입니까, 그렇지 않으면 새들어 삽니까?
Bývate v dome alebo v bytovke?
비와떼 브 도메 아레보 브 비또우께

집세를 얼마나 내고 있습니까?
Koľko platíte nájomné?
꼴꼬 쁠라찌떼 나욤네

당신은 몇 층에 살고 계십니까?
Na ktorom poschodí bývate?
나 끄또롬 뽀스호디 비와떼

엘리베이터는 있습니까?
Je tam výťah?
예 땀 위따흐

당신이 사는 데는 어떻습니까?
Aký máte byt?
아끼 마떼 비뜨

방이 몇 개 있습니까?
Koľko máte miestností?
꼴꼬   마떼   미에스뜨노스찌

세를 놓을 방이 있습니까?
Máte izbu na prenajatie?
마떼   이즈부   나   쁘레나이아찌에

가구가 붙어 있습니까?
Je to izba s nábytkom?
예 또 이즈바 스   나비뜨꼼

한 달 집세는 얼마입니까?
Aké je mesačné nájomné?
아께 예   메사츠네   나욤네

방을 보여 주시겠습니까?
Môžem sa pozrieť na tú izbu?
무어쥄   사   뽀즈리에뜨 나 뚜 이즈부

주거

쩨만노프 동굴

22. 복장

일반 복장

그녀는 정말 멋있는 복장을 하고 있다.
Ona je veľmi pekne oblečená.
오나 예 웰미 뻬끄녜 오블레체나

멋있는 스웨터군요.
Máte pekný sveter.
마떼 뻬끄니 스웨떼르

그는 옷 입는데 재치있다.
On má dobrý vkus.
온 마 도브리 프꾸스

이 원피스가 나에게 어울립니까?
Sedia mi/pristanú mi tieto šaty?
쎄디아 미 쁘리스딴누 미 찌에또 샤띠

그것은 당신에게 정말 어울립니다.
Veľmi vám to pristane.
웰미 왐 또 프리스따네

바깥이 추워서 스웨터를 입는 편이 좋습니다.
Vonku je zima, zoberte si radšej sveter.
원꾸 예 지마 조베르떼 씨 라뜨셰이 스웨떼르

양복점, 양품점, 바느질집

나에게 맞는 코트가 있습니까?
Máte kabát v mojej veľkosti?
마떼　까바뜨　브 모이에이　웰꼬스찌

39사이즈의 흰 와이셔츠를 보여 주시오.
Môžete mi ukázať bielu košeľu,
무어줴떼　미　우까자뜨　비에루　꼬셰류
veľkosť 39?
웰꼬스뛰 뜨리드싸뜨데웨뜨

이것을 입어 보아도 좋습니까?
Môžem si to vyskúšať?
무어줨　씨　또　위스꾸샤뜨

이것은 몸에 맞지 않습니다.
Nejako mi to nesadne.
네야꼬　미　또　네사드네

구두, 가죽

크기 26의 검은 구두를 원합니다.
Chcela by som čierne topánky, číslo 26.
흐쩰(라)　비　쏨 치예르네 또빤끼 취슬로 드와드싸뜨셰스뜨

이 방한화를 신어보고 싶습니다.
Chcel(a) by som si vyskúšať tieto
흐쩰(라)　비　쏨　씨　위스꾸샤뜨　띠에또

복장

zimné topánky.
짐네   또빤끼

이것과 같은 형으로 더 작은 것은 없습니까?
Máte menšie číslo týchto topánok?
마떼   멘쉬에   취슬로   띠흐또   또빠노끄

이것은 나에게 딱 맞습니다.
Sú mi akurát.
쑤 미 아꾸라뜨

갑갑합니다.
Sú mi veľmi úzke.
쑤 미 웰미 우스께

이 구두는 맞습니다.
Tieto topánky ma tlačia.
띠에또   또빤끼   마   뜰라취아

시계, 귀금속, 보석

그 시계는 어떤 시계입니까?
Aké sú to hodiny?
아께 쑤 또 호지니

스위스제 샤갈입니다.
To sú švajčiarske hodiny Chagal.
또 쑤 슈와이치아르스께 호지니 샤갈

스위스제 남성용 손목 시계가 있습니까?
Máte švajčiarske pánske náramkové
마떼 슈와이치아르스께 빤스께 나람꼬웨
hodinky?
호진끼

여성용 시계 줄을 보여 주십시오.
Môžete mi ukázať remienok na
무어줴떼 미 우까자뜨 레미에노끄 나
dámske náramkové hodinky?
담스께 나람꼬웨 호진끼

그것은 순금입니까?
Je to čisté zlato?
예 또 치스떼 즐라또

아니오, 금도금입니다.
Nie, je to pozlátené.
니에 예 또 뽀즐라떼네

시계가 고장 났습니다.
Hodinky sú pokazené.
호진끼 쑤 뽀까제네

시계가 멈추었습니다.
Hodinky sa zastavili.
호진끼 싸 자스따윌리

이 시계를 조사해 주시오.
Možete sa na to pozrieť?
무어줴떼 시 나 또 뽀즈리에뜨

안경

렌즈가 깨져서 바꾸었으면 합니다만.
Rozbilo sa mi sklo. Môžete mi dať nové?
로즈빌로 싸 미 스끌로 무어줴떼 미 다뜨 노웨

테가 부러졌습니다만.
Zlomili sa mi obrúčky.
즐로밀리 싸 미 오브루츠끼

빨리 고쳐 주시겠습니까?
Môžete mi to rýchlo opraviť?
무어줴떼 미 또 리흘로 오쁘라위뜨

선글라스를 진한 것으로 보여 주시오.
Môžete mi ukázať nejaké tmavé
무어줴떼 미 우까자뜨 네야께 뜨마웨
slnečné okuliare?
슬네츠네 오꾸리아레

클리닝(세탁)

클리닝을 해야할 것이 있습니다.
Chcel(a) by som si dať niečo vyčistiť.
흐쩰(라) 비 쏨 씨 다뜨 니에초 위치스띠뜨

빨리 부탁합니다.
Expresne, prosím.
에끄쓰쁘레스네 쁘로씸

와이셔츠 클리닝은 얼마나 걸립니까?
Ako dlho trvá vypratie košele?
아꼬   들호   뜨르와   위쁘라띠에   꼬셸레

이발, 미용

나는 머리가 너무 길다. 이발하러 가야 한다.
Mám už dlhé vlasy. Musím ísť k
맘   우쉬   들헤   블라씨   무씸   이뜨   끄
holičovi/ku kaderníkovi.
홀리쵸위   꾸   까데르니꼬위

근처에 이발소가 있습니까?
Je niekde blízko holičstvo/kaderníctvo?
예   니에그데   블리스꼬   홀리츠스뜨워   까데르니쯔뜨워

이 호텔 안에 있습니다.
Je v tomto hoteli.
예   프   똠또   호뗄리

자르고 싶습니다.
Chcel(a) by som sa dať ostrihať.
흐쩰(라)   비   쏨   싸   다뜨   오스뜨리하뜨

이발과 면도를 부탁합니다.
Oholiť a ostrihať, prosím.
오홀리뜨   아   오스뜨리하뜨   쁘로씸

조금만 깎아 주십시오.
Iba pristrihnúť, prosím.
이바   쁘리스뜨리흐누뜨   쁘로씸

미장원

좋은 미장원을 아십니까?
Nepoznáte nejakého dobrého
네뽀즈나떼   네야께호   도브레호
kaderníka?
까데르니까

예약하지 않으면 안 됩니까?
Musím sa objednať?
무씸   싸   오비예드나뜨

샴푸와 커트를 부탁합니다.
Prosím umyť a ostrihať.
쁘로씸   우미뜨   아   오스뜨리하뜨

샴푸, 컬(고수 머리)를 부탁합니다.
Prosím umyť a natočiť.
쁘로씸   우미뜨   아   나또취뜨

머리 손질을 부탁합니다.
Vodovú onduláciu, prosím.
워도우   온돌라찌우   쁘로씸

머리를 염색하고 싶습니다.
Chcel(a) by som sa dať nafarbiť.
흐쩰(라)   비   쏨   싸   다뜨   나화르비뜨

어떤 색으로 염색합니까?
Akú chcete farbu?
아꾸   흐쩨떼   화르부

이 색이 괜찮겠습니까?
Môže byť táto farba?
무어줴 비뜨 따또 화르바

수영장

복장

23. 문화 · 예술

연극 · 오페라

공연 프로그램이 있습니까?
Máte prehľad o kultúrnych programoch?
마떼   쁘레흘랴뜨 오   꿀뚜르니흐   쁘로그라모흐

지금 어떤 재미있는 연극을 하고 있습니까?
Hrajú teraz niečo dobré v divadle?
흐라유   떼라즈   니에초   도브레   브   지와들레

무엇을 상연하고 있습니까?
Čo sa teraz hrá?
초   싸   떼라즈   흐라

오늘 저녁 극장에서 무엇을 상연합니까?
Čo dnes večer hrajú v divadle?
초   드네스   웨체르   흐라유   브   지와들레

국민 극장에서 「돈 지오반니」를 하고 있습니다.
V Národnom divadle sa hrá Don
브   나로드놈   지와들레   싸 흐라   돈
Giovanni.
지오완니

공연은 언제 시작됩니까?
Kedy začína predstavenie?
께디 자취나 쁘레뜨스따웨니에

티켓은 어디서 살 수 있습니까?
Kde si môžem kúpiť lístky?
그데 씨 무어쥄 꾸삐뜨 리스뜨끼

티켓은 간단하게 구할 수 있습니다.
Dajú sa ľahko kúpiť lístky?
다이우 싸 랴흐꼬 꾸삐뜨 리스뜨끼

전화로 티켓 예약을 할 수 있습니까?
Môžu sa rezervovať lístky telefonicky?
무어주 싸 레제르워와뜨 리스뜨끼 뗄레포니쯔끼

> 민족 극장 Slovenské Národné divadlo에서는 연극이나 오페라가 공연된다. 슬로바키아는 연극을 좋아하는 나라이다. 원래 연극에는 슬로바키아의 독일화와 헝가리화를 막고, 슬로바키아어를 지키려고 하는 민족주의 운동과 관계가 있다.

문화 · 예술

영화

어떤 영화를 하고 있습니까?
Dávajú nejaké dobré filmy?
다와유 네야께 도브레 필미

SF영화를 좋아합니다.
Mám rád(a) vedecko-fantastické filmy.
맘 라뜨(라다) 베데쯔꼬-판따스띠쯔께 필미

전쟁 영화는 싫어합니다.
Nemám rád/(rada) vojnové filmy.
네맘   라뜨(라다)   워이노웨   필미

몇 시에 보러 갈까요?
Na koľkú hodinu pôjdeme?
나   꼴꾸   호지누   뿌어이데메

음악 · 콘서트

당신은 어떤 악기를 연주합니까?
Hráte na nejaký hudobný nástroj?
흐라떼   나   네야끼   후도브니   나스뜨로이

바이올린을 조금 합니다만 서툽니다.
Hrám na husle, ale nie veľmi dobre.
흐람   나   후슬레   알레 니에   웰미   도브레

당신은 어떤 음악을 좋아합니까, 클래식입니까?
Akú hudbu máte rád(rada) Vážnu hudbu?
아꾸   후드부   마떼   라뜨(라다)   바쥬누   후드부

물론 클래식을 좋아합니다만, 대중 음악이나 재즈도 자주 듣습니다.
Vážnu hudbu mám samozrejme
바쥬누   후드부   맘   사모즈레이메
rád(rada), ale tak isto často počúvam
라뜨(라다)   알레   따끄 이스또   차스또   뽀추왐
populárnu a džezovú hudbu.
뽀뿔라르누   아   줴조우   후드부

당신은 어떤 작곡가를 제일 좋아합니까?
Kto je váš najobľúbenejší skladateľ?
크또 예 와스 나이오블류베네이쉬 스끌라다뗄

지금 슬로바키아에서는 어떤 노래가 유행하고 있습니까?
Aké piesne sú teraz obľúbené na Slovensky?
아께 삐에스녜 쑤 떼라즈 오블류베네 나 슬로베스끼

한국에서 많이 알려진 체코 작곡가는 안토닌 드보르자크입니다.
Najznámejší český skladateľ v Južnej
나이즈나메이쉬 체스끼 스끌라다뗄 브 유쥬네이
Kórei je Antonín Dvořák.
꼬레이 예 안또닌 드보르쟈끄

누가 연주하는 것입니까?
Kto hrá?
크또 흐라

지휘자는 누구입니까?
Kto diriguje?
크또 디리구예

댄스

오늘 밤 댄스 파디에 춤추러 갑시다.
Pôjdeme si zatancovať dnes večer na ples?
뿌어이데메 씨 자딴쪼와뜨 드녜스 웨체르 나 쁠레스

어디서 춤출 수 있는데요?
Kde sa dá tancovať?
크데 싸 다 딴쪼와뜨

학생 클럽에서요.
V študentskej klubovni.
프 슈뚜덴뜨스께이 끌루보브니

댄스 홀에서요.
V tanečnej sále.
프 따네츄네이 쌀레

춤을 추시겠습니까?
Smiem prosiť?
스미엠 쁘로씨뜨

미안해요, 안 추겠습니다.
Prepáčte, netancujem.
쁘레빠추떼 네딴쭈엠

미안합니다. 상대가 있습니다.
Prepáčte, už som zadaná.
쁘레빠추떼 우쉬 쏨 자다나

미술

지금 어떤 흥미 있는 전시회를 하고 있습니까?
Sú teraz nejaké zaujímavé výstavy?
쑤 떼라즈 네야께 자우이이마웨 위스따위

당신이 좋아하는 화가는 누구입니까?
Ktorého maliara máte rád(rada)?
끄또레호   말리아라   마떼   라뜨(라다)

이 그림은 누구의 작품입니까?
Kto maľoval tento obraz?
크또   말료왈   뗀또   오브라스

> 미술관은 국립 미술관 Slovenská národná galélria 이 유명하다. 국립 미술관은 브라티슬라바에만도 여러 곳이 있고, 부문별로 되어 있다. 본관이 두나이강 근처에 있으므로, 성을 구경하러 갈 때 한번 가보는 것도 괜찮을 것이다.
> 박물관 역시 국립 박물관 slovenské národné múzeum 이 유명하며 두나이강 강가에 있다.

독서 · 서점 · 출판

당신은 독서를 좋아합니까?
Čítate rád(rada) knihy?
취따떼   라뜨(라다)   끄니히

이 책을 빌려 주시겠습니까?
Môžete mi požičať túto knihu?
무어줴떼   미   뽀쥐차뜨   뚜또   끄니후

그것은 어떤 소설입니까?
Aký to je román?
아끼   또   예   로만

라디오 · 텔레비전

그 라디오는 몇 개의 주파수를 가지고 있습니까?
Koľko pásiem má to rádio?
꼴꼬 빠씨엠 마 또 라디오

(전파가) 깨끗합니까?
Dá sa to dobre chytiť?
다 싸 또 도브레 히띠뜨

단파 방송은 잘 들립니까?
Je dobre počuť krátké vlny?
예 도브레 뽀추뜨 끄라뜨께 블니

이 라디오에는 어떤 외국 방송이 들어옵니까?
Aké zahraničné vysielanie sa dá chytiť na to rádio?
아께 자흐라니츠네 위씨에라니에 싸 다 히띠뜨
나 또 라디오

텔레비전 채널은 몇 개 있습니까?
Koľko je kanálov v televízii?
꼴꼬 예 까날로프 프 뗄레위지이

슬로바키아의 텔레비전은 채널이 4개 입니다.
Na v Slovensku sú štyri kanály.
나 프 슬로벤스꾸 쑤 슈띠리 까날리

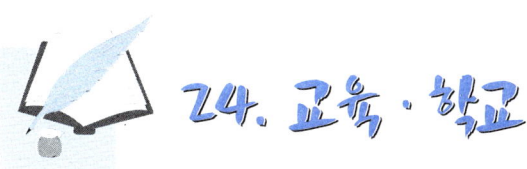

24. 교육 · 학교

슬로바키아의 교육제도는 유치원이 3~5세, 우리의 초등학교, 중학교에 해당하는 9년간의 기초 학교(ZŠ)가 6~14세로 의무교육이다. 일반 고등학교(SŠ)는 15~18세의 4년간이다.

대학은 이른바 종합 대학교 univerzita와 단과 대학 vysoká škola, 예술 관계의 아카데미 akadémia가 있고, 대학의 교육기간은 4~6년이 된다. 코멘스키대학교 univerzita Komenského는 슬로바키아에서 가장 오래된 대학이다.

교육 일반

어떤 학교에 다니고 있습니까?
Na akú školu chodíš?
나 아꾸 슈꼴루 호지쉬

당신의 자녀들은 어떤 학교에 다니고 있습니까?
Do akej školy chodia vaše deti?
도 아께이 슈꼴리 호지아 와셰 데찌

아들은 초등학교, 딸은 고등학교에 다니고 있습니다.
Syn chodí na základnú školu, dcéra
씬 호지 나 자끄라드누 슈꼴루 드쩨라
na strednú školu.
나 스뜨레드누 슈꼴루

당신 아들은 초등학교 몇 학년입니까?
V ktorom ročníku základnej školy je
프 끄또롬 로츠니꾸 자끌라드네이 슈꼴리 예
váš syn?
와쉬 씬

아직 유치원생 입니다.
Moje dieťa chodí ešte do škôlky.
모예 지에따 호지 예슈떼 도 슈꾸얼끼

슬로바키아의 교육 제도는 어떻게 되어 있습니까?
Aký je systém školstva na Slovensku?
아끼 예 씨스뗌 슈꼴스뜨와 나 슬로벤스꾸

의무 교육은 몇 년입니까?
Koľko rokov trvá povinná školská
꼴꼬 로꼬프 뜨르와 뽀윈나 슈꼴스까
dochádzka?
도하드스까

새 학년은 몇 월에 시작됩니까?
Kedy začína školský rok?
께디 자취나 슈꼴스끼 로끄

새 학년은 9월에 시작됩니다.
Školský rok začína v septembri.
슈꼴스끼 로끄 자취나 프 셉뗌브리

수업료는 얼마입니까?
Koľko sa platí za školské vzdelanie?
꼴꼬 싸 쁠라찌 자 슈꼴스께 브즈델라니에

슬로바키아의 교육은 무료입니다.
Školné sa na Slovensku neplatí.
슈꼴네 싸 나 슬로웬스꾸 네쁠라찌

대학

당신은 무엇을 배웁니까?
Čo študujete?
초 슈뚜두예떼

당신은 어느 학부에 다닙니까?
Na ktorú fakultu chodíte?
나 끄또루 파꿀뚜 호지떼

나는 법률을 배우고 있습니다.
Študujem právo.
슈뚜두옘 쁘라워

나는 인문학부(철학부) 2학년입니다.
Som v druhom ročníku Filozofickej
쏨 브 드루홈 로츠니꾸 필로조피쯔께이
fakulty.
파꿀띠

유학생

외국인 학생이 이 대학에 있습니까?
Študujú na tejto vysokej škole
슈뚜두유 나 떼이또 위쏘께이 슈꼴레

zahraniční študenti?
자흐라니츠니   슈뚜덴찌

한국 학생이 있습니까?
Sú tu študenti z Kórey?
쑤 뚜 슈뚜덴찌 스 꼬레이

외국인 학생을 위한 체코어 강좌가 있습니까?
Konajú sa kurzy slovenčiny pre
꼬나유 싸 꾸르지 슬로웬치니 쁘레
zahraničných študentov?
자흐라니츠니흐   슈뚜덴또프

슬로바키아에서 공부를 하고 싶습니다.
Chcel(a) by som študovať na Slovensku.
흐쩰(라) 비 쏨 슈뚜도와뜨 나 슬로웬스꾸

도서관

대학 도서관은 어디에 있습니까?
Kde je univerzitná knižnica?
그데 예 우니웨르지뜨나 끄니주니짜

도서관은 누구든지 이용할 수 있습니까?
Môže každý používať knižnicu?
무어줴 까주디 뽀우쥐와뜨 끄니주니쭈

책을 빌려 갈 수 있습니까?
Môžem si požičať knihy?
무어젬 씨 뽀쥐차뜨 끄니히

교육 · 학교

그 책은 지금 대출 중입니다.
Tá kniha je teraz požičaná.
따 끄니하 예 떼라즈 뽀쥐차나

슬로바키아 찬송가(15세기)

교육 · 학교

25. 스포츠 · 레저

스포츠 일반

당신은 스포츠에 관심 있으세요?
Zaujímate sa o šport?
자우이마떼 싸 오 슈뽀르뜨

어떤 스포츠에 흥미가 있습니까?
O aký šport máte záujem?
오 아끼 슈뽀르뜨 마떼 자우옘

나는 축구에 흥미가 있습니다.
Mám záujem o futbal.
맘 자우옘 오 후뜨발

스포츠를 하고 있습니까?
Hráš nejaký šport?
흐라슈 네야끼 슈뽀르뜨

예, 나는 테니스를 잘 합니다.
Áno. Hrám tenis.
아노 흐람 떼니스

당신은 테니스를 잘 합니까?
Hráte dobre tenis?
흐라떼 도브레 떼니스

당신은 스키를 탈 줄 압니까?
Viete lyžovať?
위에떼   리죠와뜨

경기·시합·경기장

당신은 올림픽을 본 일이 있습니까?
Videli ste niekedy olympijské hry?
위델리   스떼   니에께디   올림삐이스께   흐리

다음 올림픽은 4년 후에 그리스에서 합니다.
Budúca olympiáda sa bude konať o
부두짜   올림삐아다   싸   부데   꼬나뜨   오
štyri roky v Grécku.
슈띠리   로끼   브   그레쯔꾸

동계 올림픽은 2월 4일에 시작됩니다.
Zimná olympiáda začína štvrtého
짐나   올림삐아다   자취나   슈뜨브르떼호
februára.
훼브루아라

승패·기록

어느 쪽이 이긴다고 생각합니까?
Kto myslíte, že vyhrá?
크또   미슬리떼   줴   위흐라

우승 후보는 누구입니까?
Kto je favorit?
크또 예 파워리뜨

슬로바키아가 3대 2로 이겼습니다.
Vyhralo Slovensko 3:2(tri-dva).
위흐랄로 슬로웬스꼬 뜨리 드와

시합은 1대 1로 비겼습니다.
Zápas skočnil nerozhodne,
자빠쓰 스꼬츠닐 네로즈호드녜
1:1(jedna-jedna).
예드나 예드나

그녀는 슬로바키아 테니스 챔피언입니다.
Ona je majsterka Slovenska v tenise.
오나 예 마이스떼르까 슬로웬스까 프 떼니쎄

해수욕 · 등산 · 겨울 스포츠

당신은 수영을 할 수 있습니까?
Viete plávať?
위에떼 쁠라와뜨

예, 수영을 할 줄 압니다.
Áno, viem.
아노 위엠

아니오, 전혀 수영을 못합니다.
Nie, vôbec neviem plávať.
니에 부어베쯔 네위엠 쁠라와뜨

슬로바키아에는 타트라에서 스키를 탈 수 있습니다.
Na Slovensku sa dá lyžovať
나 슬로웬스꾸 싸 다 리죠와뜨
v Nízkych Tatrách.
브 나즈끼흐 따뜨라흐

스키와 신발을 빌리고 싶습니다.
Chcel(a) by som si požičať lyže a
흐쩰(라) 비 쏨 씨 뽀쥐차뜨 리줴 아
lyžiarky. 리쥐아르끼

수렵 · 낚시

여기에서는 무엇이 잡힙니까?(수렵에서)
Čo sa tu loví?
초 싸 뚜 로위

여기는 무엇이 낚입니까?
Čo sa tu chytá?
초 싸 뚜 히따

먹이는 무엇입니까?
Čo je to za návnadu?
초 예 또 자 나브나두

여기는 수렵 금지입니다.
Tu je zákaz lovu.
뚜 예 자까스 로부

게임·유희

체스(서양 장기)를 할 줄 압니까?
Viete hrať šach?
위에떼 흐라뜨 샤흐

알지만, 잘 못합니다.
Viem, ale nehrám dobre.
위엠 알레 네흐람 도브레

나는 체스할 줄 몰라요. 가르쳐 주시겠습니까?
Neviem hrať šach. Môžete ma to naučiť?
네위엠 흐라뜨 샤흐 무어줴떼 마 또 나우치뜨

트럼프를 하시겠습니까?
Nezahráme si karty?
네자흐라메 씨 까르띠

카드를 갖고 있습니까?
Máte hracie karty?
마떼 흐라찌에 까르띠

브리지의 멤버가 모자랍니다.
Chýba nám jedna osoba na bridž.
히바 남 예드나 오쏘바 나 브리취

딜러는 누구입니까?
Kto rozdáva karty?
크또 로즈다와 까르띠

26. 자연

계절

당신은 어떤 계절을 가장 좋아합니까?
Ktoré ročné obdobie máte najradšej?
끄또레 로츠네 오브도비에 마떼 나이라드셰이

나는 여름을 가장 좋아합니다.
Najradšej mám leto.
나이라드셰이 맘 레또

슬로바키아에서 가장 아름다운 계절은 언제입니까?
Ktoré obdobie je na Slovensku
끄또레 오브도비에 예 프 슬로웬스꾸
najkrajšie?
나이끄라이쉬에

봄이라고 생각합니다.
Myslím si, že jar.
미슬림 씨 줴 야르

슬로바키아는 더위도 한국과 같이 무덥지는 않습니다.
Na Slovensku nie je tak dusno ako v
나 슬로웬스꾸 니에 예 따끄 두쓰노 아꼬 프
Kórei, aj keď je horúco.
꼬레이 아이 께뜨 예 호루쪼

날씨

오늘 날씨는 어떻습니까?
Ako je dnes?
아꼬 예 드네스

오늘은 어떤 날씨 입니까?
Aké je dnes počasie?
아께 예 드네스 뽀차씨에

밖은 어떻습니까?
Ako je vonku?
아꼬 예 원꾸

멋있는 날씨입니다.
Je nádherne.
예 나드헤르네

맑습니다.
Je krásne.
예 끄라스네

따뜻합니다.
Je príjemne teplo.
예 쁘리옘네 떼쁠로

구름 한점 없습니다.
Nebo je bez mráčika.
네보 예 베스 므라치까

자연

무덥습니다.
Je dusno; Je sparno.
예 두쓰노 예 스빠르노

오늘은 날씨가 나쁩니다.
Dnes je škaredo.
드네스 예 슈까레도

흐립니다.
Je zamračené. Je pod mrakom.
예 잠라체네 예 뽀뜨 므라꼼

우중충한 날씨입니다.
Je vlhko.
예 블흐꼬

비가 내릴 것 같습니다.
Vyzerá to na dážď.
위제라 또 나 다슈뜨

천둥이 칩니다.
Hrmí.
흐르미

번개가 칩니다.
Blýska sa.
블리스까 싸

폭풍이 불겠지요.
Príde búrka.
쁘리데 부르까

자연

바람이 불고 있습니다.
Fúka vietor.
푸까 위에또르

눈이 내리고 있습니다.
Sneží ; Padá sneh.
스녜쥐   빠다   스네흐

싸락눈이 날리고 있습니다.
Padá drobný sneh.
빠다   드로브니   스네흐

눈보라가 치고 있습니다.
Chumelí sa.
후멜리   싸

정말 춥습니다.
Poriadne mrzne.
뽀리아드녜   므르즈네

손이 얼었습니다.
Mrznú mi prsty.
므르즈누   미   쁘르스띠

미끄럽습니다.
Je klzko.
예   끌스꼬

눈이 녹고 있습니다.
Je odmäk. Roztápa sa.
예   오뜨무매끄   로스따빠   싸

자연

몇 도입니까?
Koľko je stupňov?
꼴꼬 예 스뚜쁘뇨프

오늘의 기온은 영하 10도입니다.
Dnes je desať stupňov pod nulou.
드네스 예 데싸뜨 스뚜쁘뇨프 뽀드 눌로우

지리

슬로바키아의 면적은 어느 정도입니까?
Aká je rozloha Slovenska?
아까 예 로즐로하 슬로벤스까

인구는 어느 정도입니까?
Koľko má obyvateľov?
꼴꼬 마 오비와뗄료프

한국은 산지형입니다.
Južná Kórea je hornatá krajina.
유주나 꼬레아 예 호르나따 끄라이나

슬로바키아 지방에서 제일 긴 강은 무엇입니까?
Ktorá je najdlhšia rieka na Slovensku?
끄또라 예 나이들흐쉬아 리에까 나 슬로벤스꾸

슬로바키아에는 화산은 있습니까?
Sú na Slovensku sopky?
쑤 나 슬로벤스꾸 쏘쁘끼

자연

동물 · 식물

슬로바키아의 산에는 어떤 동물이 살고 있습니까?
Aké zvieratá žijú v lesoch na Slovensku?
아께 즈위에라따 쥐이유 브 레쏘흐 나 슬로벤스꾸

이것은 무슨 새입니까?
Čo je to za vták(a)?/Aký je to vták?
초 예 또 자 프따끄(까) 아끼 예 또 프따끄

스삐슈 성

자연

도서목록

4주완성 독학 영어 첫걸음	다모아 답에타(단어장)
지구촌 영어 첫걸음	일석오조(영단어)
영어회화 고민 이제 끝냅시다! I	이것이 토종 미국 영어다
영어회화 고민 이제 끝냅시다! II	미국 영어가 보인다
아낌없이 주는 영어	영작문 패턴으로 따라잡기
비즈니스 영어	Toefl Writing Master-class
입에 술술 붙는 영단어	Harvard Vocabulary
헷갈리는 영어 잡아먹기	미국 영어 회화
톡톡튀는 신세대 영어 표현	영어명문 30선
패턴의 원리를 알면 영어가 보인다	쉬운 영어, 쉬운 일본어-청춘
간편한 여행 영어 회화	쉬운 영어, 쉬운 일본어-정열
여행자를 위한 지구촌 영어 회화	쉬운 영어, 쉬운 일본어-도약
눈으로 느끼고 가슴으로 읽는 영어	4주완성 독학 일본어 첫걸음
말장난으로 하는 영단어 DDR	지구촌 일본어 첫걸음
1000만인 관광 영어 회화	실용 일본어 회화
영문 편지 쓰는 법	배낭 일본어
영어 왜 포기해!	1000만인 관광 일본어 회화
우리아이 영어와 재미있게 놀기	일본어 단어장
영어 교사를 위한 영어학	편리한 회화 수첩
영어 커뮤니케이션 가이드	일본여행 110
영어가 제일 쉬웠어요	일본어 일기
	김영진 일본어 문법 핵심 정리

꿩먹고 알먹는 일본어 첫걸음

꿩먹고 알먹는 일본어 회화 첫걸음

김영진과 함께 떠나는 여행 일본어 회화

일본어 급소 찌르기

노래로 배우는 일본어 1

노래로 배우는 일본어 2

4주완성 독학 중국어 첫걸음

실용 중국어 회화

여행필수 중국어 회화

영어대조 중국어 회화

최신 중국어법 노트

4주완성 독학 프랑스어 첫걸음

여행필수 프랑스어 회화

영어대조 프랑스어 회화

프랑스어 편지 쓰기

노래로 배우는 프랑스어 (1개)

샹송으로 배우는 프랑스어 (2개)

리듬테마로 배우는 프랑스어

성경으로 배우는 프랑스어

4주완성 독학 스페인어 첫걸음

영어대조 스페인어 회화 (개정판)

노래로 배우는 스페인어 (1개)

실용 서반어 회화

교양 스페인어

지구촌 이태리어 첫걸음

여행필수 이탈리아어 회화

영어대조 이탈리아어 회화 (개정판)

노래로 배우는 이탈리아어 (2개)

쉽게 배우는 이타리아어 1

지구촌 독일어 첫걸음

실용 독일어 회화

여행필수 독일어 회화

배낭 독일어

독일어 편지 쓰기

영어대조 독일어 회화 (개정판)

독일어 무역 통신문

PNdS독해평가

PNdS정취뱅가 구두시험

PNdS핵심 독문법

최신 독일어

독일어 문법과 연습

노래로 배우는 독일이 (1개)

수능 독일어

배낭 유럽어

대학생을 위한 활용 독일어 I (3개)	여행필수 폴란드어 회화
성경으로 배우는 독일어	여행필수 크로아티아어 회화
대학생을 위한 활용 독일어 II (3개)	여행필수 루마니아어 회화
4주완성 독학 러시아어 첫걸음	여행필수 스웨덴어 회화
한국인을 위한 러시아어 첫걸음	여행필수 몽골어 회화
여행필수 러시아어 회화	6개국어 회화
영어대조 러시아어 회화	4개국어 회화
표준 러시아어	영어대조 태국어 회화
표준 러시아어 회화	쉽게 배우는 브라질·포르투갈어
최신 러시아어 문법	시사 이란어
러시아어 펜맨십 강좌	기초 네덜란드어
노브이 러시아어	알기 쉬운 이란어 쓰기
노래로 배우는 러시아어	Speaking Korean (46판)
실용 아랍어 회화	Speaking Korean (포켓판)
여행필수 베트남어 회화	스페인을 위한 한국어 회화
여행필수 태국어 회화	러시아인을 위한 한국어 회화
여행필수 말레이·인도네시아어 회화	프랑스인을 위한 한국어 회화
여행필수 포르투갈어 회화	독일인을 위한 한국어 회화
여행필수 네덜란드어 회화	브라질포르투갈인을 위한 한국어 회화
여행필수 터키어 회화	중국인을 위한 한국어 회화
여행필수 이란어 회화	한국어 4주간
여행필수 브라질·포르투갈어 회화	실용 한국어 회화 활용 한국어 회화

한국어 왕래

한러사전

러한사전

러한 한러 합본사전

학습 노한 사전

노노대사전

약어로 익히는 러시아어 사전

한이 사전

독한 입문 사전

한자 요결 사전

서한사전

한·인니 사전

영어회화 고민 이제 끝냅시다! I 3개

영어회화 고민 이제 끝냅시다! II 2개

한국인을 위한 러시아어 첫걸음

4개러시아인을 위한 한국어 회화

2개영어대조 프랑스어 회화 3개

영어대조 독일어 회화 3개

영어대조 태국어 회화 3개

여행필수 베트남어 회화 3개

여행필수 인도네시아어 회화 2개

여행필수 태국어 회화 2개

영어대조 스페인어 회화 3개

성경으로 배우는 독일어 3개

계몽사조에서 마르크스 주의까지

중국 그리고 실크로드

블라지미르 지리노프스끼 그는 누구인가?

러시아를 알려면 지리노프스끼를 보라

러시아 정치 사상사

번역의 기초 이론